Heidelberger Arbeitsbücher Band 3

R. Köhler · W. Zöller

Arbeitsbuch zu „Finanzierung"

Springer-Verlag
Berlin · Heidelberg · New York 1971

Dr. Richard Köhler
Wolfgang Zöller

Universität Mannheim
Abteilung Betriebswirtschaftslehre
Mannheim

ISBN-13: 978-3-540-05412-2 e-ISBN-13: 978-3-642-80611-7
DOI: 10.1007/978-3-642-80611-7

Vorwort

Diese Veröffentlichung setzt die bisherige Konzeption der "Heidelberger Arbeitsbücher" fort. Es soll damit kein neues Lehrbuch vorgelegt werden, sondern eine Anregung und Hilfe zur Beschäftigung mit der vorhandenen Finanzierungsliteratur. Dazu dienen gezielte Lernfragen.

Lernfragen sind Fragen zum Stoff, die in systematischer Folge von dem Studenten erst die Kenntnis gewisser Fakten verlangen, dann Probleme explizit aufzeigen und deren Lösung fordern. Es geht also letztlich um die Hinführung zu einem problemorientierten Literaturstudium und um eine Grundlage für Gruppendiskussionen. Deshalb werden zu den Fragen im allgemeinen auch keine fertigen Musterlösungen dargeboten, sondern nur Antworthinweise in einem Teil der Fälle. Im wesentlichen dienen die genauen Quellenangaben zu Beginn eines jeden Kapitels als Unterstützung.

Insbesondere ist das Buch als Hilfsmittel für die studentische Kleingruppenarbeit gedacht. In einer erziehungswissenschaftlichen Untersuchung, die an der Universität Mannheim durchgeführt wurde, konnte festgestellt werden, daß Gruppenmitglieder, die solche Lernfragen für ihre Heimvorbereitung benutzten, auf die gemeinsamen Sitzungen besser vorbereitet waren und daran auch deutlich aktiver teilnahmen als Studenten, die sich mit dem Fachgebiet ohne eine entsprechende Auflösung in Einzelschritte auseinanderzusetzen hatten.

Der Umfang dieses Buches entspricht dem Stoff, wie er pro Wintersemester in Tutoren-Arbeitsgemeinschaften des Grundstudiums an der Universität Mannheim behandelt worden ist. Inhaltlich ist dieser Stoff nicht durch ein bestimmtes einzelnes Finanzierungslehrbuch oder durch eine Einführung in die Allgemeine Betriebswirtschaftslehre voll abgedeckt. Es ist daher unumgänglich, mehrere Literaturquellen zum Beantworten der Lernfragen heranzuziehen. Zur Erleichterung für den Studenten wurden die Lernfragen aber so ausgewählt, daß im großen und ganzen eine Beschränkung auf wenige und leicht verfügbare Standardwerke möglich ist. Sofern mit deren Hilfe vereinzelte Fragen nicht ohne weiteres zu beantworten sind (oder wo es im Interesse einer einheitlichen Konzeption notwendig erscheint), finden sich am Ende des jeweiligen Kapitels knappe Antworthinweise. Über die zugrunde gelegte

"Schwerpunktliteratur" hinaus sind im übrigen zu den verschiedenen Abschnitten noch weitere Quellen für ein vertiefendes Studium angeführt.

Ungewohnt mag es angesichts des Themas "Finanzierung" erscheinen, daß in dieses Arbeitsbuch ein Kapitel über "Grundzüge der Investitionsrechnung" aufgenommen worden ist. Unter dem engeren Aspekt der Finanzmittel-Beschaffung ließe sich dies nicht vertreten. Das Buch ist aber so angelegt, daß es Gestaltungsprobleme sowohl im Hinblick auf Einzahlungs- als auch auf Auszahlungsströme umfaßt. (Mancher Fachvertreter würde dafür die Bezeichnung "Finanzwirtschaft" oder "Finanzen" vorziehen. Da insoweit noch keine Einheitlichkeit besteht, ist der bisher für Lehrveranstaltungen zu diesem Gebiet vorherrschende Titel beibehalten worden).
Bei den angesprochenen Investitionskalkülen wird mit Ein- und Auszahlungen gerechnet. Das Kapitel soll so u. a. auch die Verflechtung zwischen finanzwirtschaftlichen Überlegungen und Investitionsplanung andeuten.

Unser Dank gilt den Tutoren im Fach Finanzierung an der Universität Mannheim, die während mehrerer Semester durch ihre Kritik zur Verbesserung der Lernfragen beigetragen haben.

Mannheim, im Februar 1971

Richard Köhler

Wolfgang Zöller

Inhaltsverzeichnis

<u>Die 15 Kapitel lassen sich in folgende Gruppen zusammenfassen:</u>

A) Grundlegung
(Kap. I - II)

B) Außenfinanzierung
(Kapitel III - V)
mit Sonderfällen
(Kap. VI)

C) Innenfinanzierung
(Kap. VII - X)

D) Probleme der finanzwirtschaftlichen Unternehmensführung
und der Investitionsplanung
(Kap. XI - XIV)

E) Einige besondere konstitutive Entscheidungen und ihre
finanzwirtschaftlichen Konsequenzen
(Kap. XV)

Hinweise für die Benutzung dieses Arbeitsbuches

Jedes Kapitel dieses Arbeitsbuches ist fünfstufig aufgebaut und enthält eine Lernzielbeschreibung, Literaturhinweise, Lernfragen, Kontrollfragen und Lösungshinweise.

Die Lernzielbeschreibung zu Beginn eines Kapitels gibt Ihnen zusammenfassend an, welche Sachverhalte Sie nach dem Durcharbeiten des Abschnittes beherrschen sollen. Durch die operationale Formulierung können Sie abschließend Punkt für Punkt überprüfen, ob Sie die gesteckten Ziele erreicht haben.

Im Anschluß an die Lernzielbeschreibung finden Sie genaue Literaturhinweise. Die sogenannte Schwerpunktliteratur ist für die Bearbeitung des jeweiligen Kapitels notwendig. Zur Vertiefung des behandelten Stoffes sind weitere Quellen angegeben.

Versuchen Sie, die Lernfragen mit Hilfe der angegebenen Literatur schriftlich zu beantworten. Die schriftliche Formulierung verhindert, daß Sie sich mit vagen Antwortvorstellungen zufriedengeben, und sie ermöglicht eine bessere Selbstkontrolle in studentischen Arbeitsgruppen.

Lernfragen, die sich allein mit Hilfe der angegebenen Schwerpunktliteratur nicht vollständig bzw. nur uneinheitlich beantworten lassen, sind durch ein Kreuz vor der Nummer der Frage gekennzeichnet. Zu diesen Punkten finden Sie am Ende des Kapitels knappe Lösungshinweise.

Auf die Lernfragen folgen jeweils einige Kontrollfragen im Sinne eines "Quiz", zu denen in jedem Fall die richtigen Lösungen angegeben sind. Wenn Sie ein Kapitel durchgearbeitet haben, müßten Sie in der Lage sein, die jeweiligen Kontrollfragen innerhalb weniger Minuten zu beantworten.

I. Einführung in den Problemkreis - insbesondere begriffliche Grundlagen

1. Lernzielbeschreibung

Nachdem Sie dieses Kapitel durchgearbeitet haben, sollen Sie

- die Begriffe "Güter",
  "Ausgaben" und "Einnahmen",
  "Auszahlungen" und "Einzahlungen",
  "Investition" und "Desinvestition",
  "Vermögen" und "Kapital",
  "Finanzierung",
  "Außenfinanzierung" und "Innenfinanzierung" sowie
  "Selbstfinanzierung"

  definieren können;
- eine Gliederung der Güterarten vornehmen können;
- die Ursachen betrieblicher Zahlungsströme systematisch darstellen können;
- die historische Entwicklung des Finanzierungsbegriffes aufzeigen können;
- eine Systematik der Finanzierungsarten aufstellen können.

2. Literaturhinweise

Schwerpunktliteratur:

Kosiol, E. : Einführung in die Betriebswirtschaftslehre, Wiesbaden 1968, S. 136-150

Sandig, C. : Finanzen und Finanzierung der Unternehmung, Stuttgart 1968 (Sammlung Poeschel), S. 9-17 und S. 61-65

Wöhe, G. : Einführung in die Allgemeine Betriebswirtschaftslehre, 10. Aufl., Berlin u. Frankfurt a. M. 1970, S. 357-362, S. 492, S. 494

Zur Vertiefung:

Heinen, E. : Einführung in die Betriebswirtschaftslehre, 3. Aufl., Wiesbaden 1970, S. 66-70, S. 125, S. 139

Köhler, R. : Zum Finanzierungsbegriff einer entscheidungsorientierten Betriebswirtschaftslehre, in: Zeitschrift f. Betriebswirtschaft, 39. Jg. (1969), S. 435-456

Pack, L. : Betriebliche Investition, Wiesbaden 1966, zusammenfassend S. 83-84

Schneider, D. : Investition und Finanzierung, Köln u. Opladen 1970, S. 136-141

3. Lernfragen

1. Was wird im wirtschaftlichen Sinne unter Gütern verstanden?

+2. Welche hauptsächlichen Güterarten lassen sich unterscheiden?

3. Inwiefern besitzt Geld Gutscharakter?

4. Gütervorräte sind Bestandsgrößen. Nennen Sie Beispiele für Stromgrößen!

+5. Versuchen Sie die Ursachen betrieblicher Zahlungsströme zu systematisieren!

6. Wie werden in der Investitionstheorie "Ausgaben" und "Einnahmen" bzw. die enger gefaßten Begriffe "Auszahlung" und "Einzahlung" definiert?

+7. Wie definieren Sie die Begriffe "Investition" und "Desinvestition"?

8. Umfaßt der unter Punkt 7 gewählte Investitionsbegriff auch
- die Anschaffung von Schreibmaterial
- Die Anschaffung eines Firmenwagens
- die Prämien für die Haftpflichtversicherung
- das benötigte Benzin?

9. Definieren Sie die Bestandsgröße "Vermögen"!

10. Welche Unterteilungen des Vermögens sind üblich?

11. Nennen Sie Beispiele für Investitionsvorgänge, deren Verbuchung
a) zu einer Erhöhung der Bilanzsumme führt oder
b) sich lediglich als Aktivtausch darstellt!

+12. Geben Sie aus betriebswirtschaftlicher Sicht eine Definition für "Kapital"!

13. Welche Unterteilung des Kapitals nach juristischen Kriterien ist üblich? (Vergegenwärtigen Sie sich dabei das Bilanzbild!)

14. Definieren Sie den Begriff "Finanzierung"!

15. Stellen Sie fest, ob die Beschaffung von Zahlungsmitteln buchtechnisch stets auch die Passivseite einer Bilanz berührt! (Vgl. dazu die traditionelle Interpretation der Finanzierung als "Kapitalbeschaffung"!)

+16. Welche Überlegungen haben in neuerer Zeit dazu geführt, daß bei Finanzierungsfragen der Zahlungsmittelaspekt (gegenüber der abstrakten Kapitalbetrachtung) begrifflich in den Vordergrund tritt?

+17. Versuchen Sie, Sacheinlagen und Lieferantenkredite aus monetärer Sicht als Finanzierungsvorgang zu interpretieren!

+18. Bitte prüfen Sie jetzt noch einmal Ihre zu Frage 14 gegebene Definition des Begriffes "Finanzierung". Erscheint sie nach Beantwortung der Fragen 15-17 noch zweckmäßig? Wenn nicht, dann verbessern Sie jetzt Ihre Definition!

+19. Skizzieren Sie ganz kurz die Entwicklung des Finanzierungsbegriffes!

+20. Welche Sachverhalte zählen zur sogenannten Außenfinanzierung?

21. Was versteht man ganz allgemein unter Innenfinanzierung?

+22. Systematisieren Sie die Möglichkeiten der Innenfinanzierung im einzelnen!

23. Was ist im engeren Sinne mit "Selbstfinanzierung" gemeint?

4. Kontrollfragen

24. Lohnzahlungen an Fertigungsarbeiter sind

a) keine Investition, da ein immaterielles Gut beschafft wird
b) als Investition anzusehen, da finanzielle Mittel für die Beschaffung eines Realgutes verausgabt werden
c) ein Investitionsvorgang, weil der Einsatz menschlicher Arbeitskraft zu einer Vermögensmehrung beiträgt
d) keine Investition, denn es handelt sich nicht um Sachanlagen

25. Wie wird in der Investitionstheorie der Begriff "Ausgaben" definiert?

a) Abfluß von Zahlungsmitteln
b) Auszahlungen + Forderungszugänge + Schuldenabgänge
c) Auszahlungen + Forderungszugänge - Schuldenabgänge
d) Auszahlungen + Forderungsabgänge + Schuldenzugänge

26. Was wird in der Investitionstheorie unter "Einzahlungen" verstanden?

a) Zufluß von Zahlungsmitteln
b) Einnahmen + Forderungszugänge - Schuldenabgänge
c) Einnahmen + Forderungsabgänge - Schuldenzugänge
d) Einnahmen - Forderungszugänge + Schuldenzugänge

5. Lösungshinweise für das 1. Kapitel

2. Kosiol, S. 136, unterscheidet im wesentlichen folgende Güterarten:

1. Realgüter
   - 1.1. Materielle Realgüter (Sachgüter)
     - 1.1.1. Unbewegliche Sachgüter
     - 1.1.2. Bewegliche Sachgüter
   - 1.2. Immaterielle Realgüter
     - z.B. 1.2.1. Arbeitstätigkeiten
     - 1.2.2. Dienste
     - 1.2.3. Informationen
     - 1.2.4. Sog. adjunktive Güter (beispielsweise Kundenkreis, Absatzorganisation, Firmenruf)

2. Nominalgüter
   = Geld

Neben diesen obengenannten "ursprünglichen Gütern" lassen sich "abgeleitete Güter" anführen. Letztere stellen Ansprüche auf ursprüngliche Realgüter bzw. ursprüngliche Nominalgüter dar.

5. Den Lösungshinweis finden Sie auf Seite 8

7. "Investition" wird hier aufgefaßt als "die Verausgabung finanzieller Mittel für die Beschaffung aller konkreten Werte, deren ein Betrieb im Rahmen seiner wirtschaftlichen Tätigkeit bedarf." (So die Definition von Pack, s. Lit.-Hinweise.)

Der Begriff "konkrete Werte" deckt sich mit dem Begriff der "(ursprünglichen) Realgüter" nach Kosiol.
Die "finanziellen Mittel" umfassen im vorliegenden Zusammenhang auch die Verschuldungsmöglichkeiten gegenüber Lieferanten (vgl. Fragen 6 und 25 in diesem Kapitel!)

Eine Desinvestition liegt vor, wenn die in Realgütern gebundenen finanziellen Mittel - im Rahmen von Absatzprozessen - wieder freigesetzt werden (vgl. dazu auch den Einnahmenbegriff!)

Zu 5.

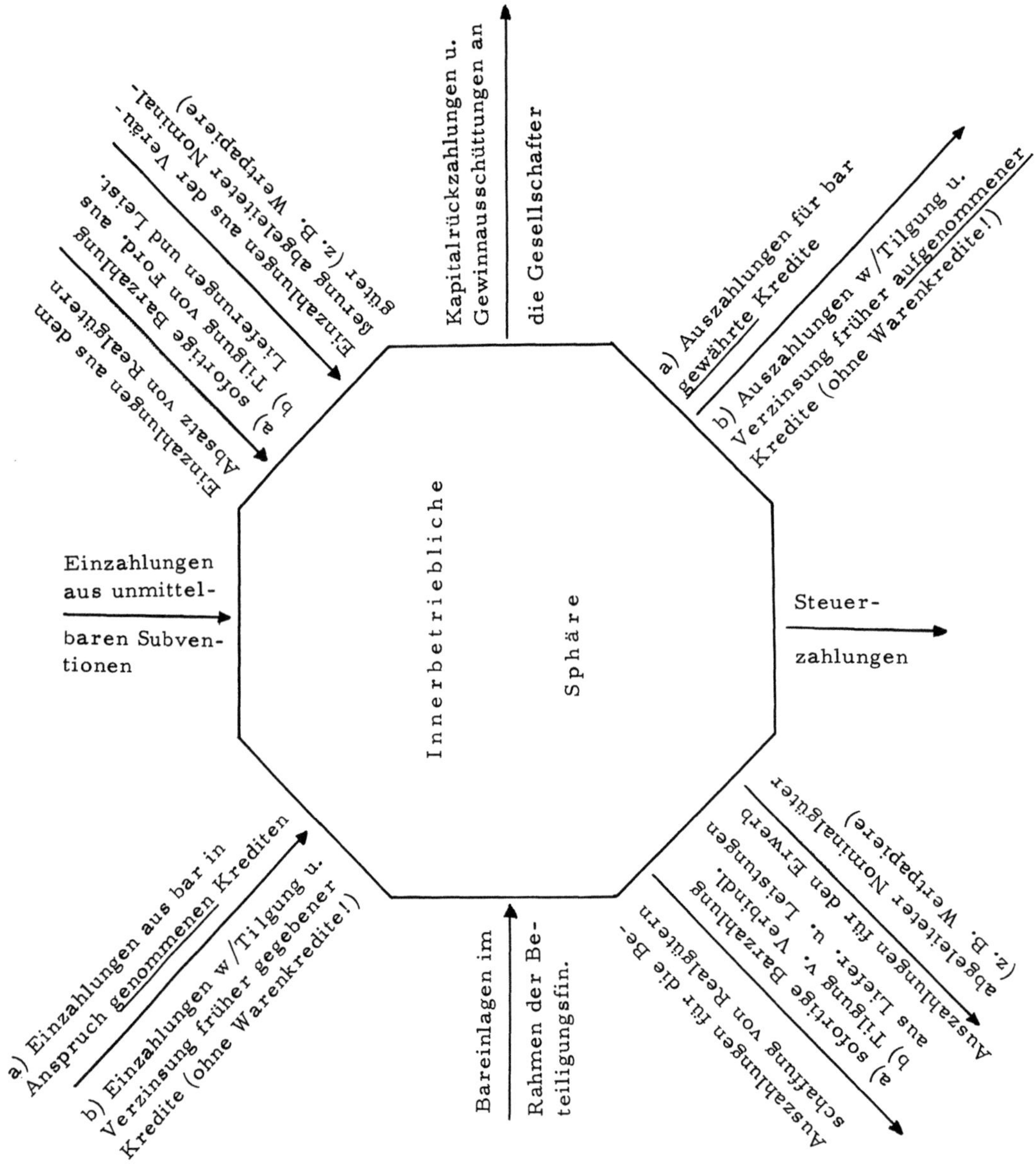
Kapitalrückzahlungen u. Gewinnausschüttungen an die Gesellschafter
a) Auszahlungen für bar gewährte Kredite
b) Auszahlungen w/Tilgung u. Verzinsung früher aufgenommener Kredite (ohne Warenkredite!)
Steuerzahlungen
a) sofortige Barzahlung b) Tilgung v. Verbindl. aus Liefer. u. Leistungen
Auszahlungen für den Erwerb abgeleiteten Nominalgüter (z. B. Wertpapiere)
Auszahlungen für die Beschaffung von Realgütern
Bareinlagen im Rahmen der Beteiligungsfin.
a) Einzahlungen aus bar in Anspruch genommenen Krediten
b) Einzahlungen w/Tilgung u. Verzinsung früher gegebener Kredite (ohne Warenkredite!)
Einzahlungen aus unmittelbaren Subventionen
Einzahlungen aus dem Absatz von Realgütern
a) sofortige Barzahlung b) Tilgung von Ford. aus Lieferungen und Leist.
Einzahlungen abgeleiteten aus der Veräußerung abgeleiteter Nominalgüter (z. B. Wertpapiere)
Innerbetriebliche Sphäre

12. Das Kapital wird als abstrakter Wertausdruck für das Vermögen interpretiert. In dieser Fassung ist der Kapitalbegriff bilanzorientiert.

16. Es läßt sich zeigen, daß Aufgaben der betrieblichen Finanzleitung letztlich stets die zielgerichtete Steuerung von Zahlungsströmen betreffen. Das gilt, hier nur stichwortartig angedeutet, z. B. für die Wahrung der Liquidität i. S. jederzeitiger Zahlungsfähigkeit sowie für mehrperiodische Renditeüberlegungen beim Beschaffen und Verwenden finanzieller Mittel. Rechnungsgrößen in Planungsansätzen, die Finanzierung wie auch Investition umfassen, sind dementsprechend grundsätzlich Ein- und Auszahlungen mit Angabe ihres zeitlichen Anfalls.
Es empfiehlt sich, den Finanzierungsbegriff so weit zu fassen, daß er solchen Entscheidungsproblemen inhaltlich entspricht. Dies ist durch Hervorheben des Zahlungsmittelaspekts besser gewährleistet als bei abstrakter Kapitalbetrachtung.

17. Bei Sacheinlagen und Lieferantenkrediten werden Finanzierungsmittel zwar nicht im Wege der Einzahlung bereitgestellt. Aus monetärer Sicht ist es aber in diesem Falle wesentlich, daß Realgüter für produktive Zwecke ohne gleichzeitigen Abfluß von Zahlungsmitteln zugehen.

Durch dieses Vermeiden einer sofortigen Auszahlung erübrigt sich die Beschaffung von Geld, die ansonsten für einen Barkauf erforderlich gewesen wäre.
So gesehen, wird die Investition mit Hilfe des Gesellschafters, der unmittelbar eine Sacheinlage tätigt, bzw. mit Hilfe des Lieferanten finanziert.

18. Monetäre Merkmale dominieren z. B. in folgenden neueren Definitionen des Finanzierungsbegriffes:

E. Heinen (1970, S. 139): "Unter 'Finanzierung' werden jene Entscheidungstatbestände zusammengefaßt, die sich auf die Gestaltung und Steuerung des betriebswirtschaftlichen Geldstroms beziehen".

R. Köhler (1969, S. 451): "Finanzierung" = "Gesamtheit der Zahlungsmittelzuflüsse (Einzahlungen) und der beim Zugang nichtmonetärer Güter vermiedenen sofortigen Zahlungsmittelabflüsse (Auszahlungen)".

Der Begriff "Finanzierung" ist dabei, im Vergleich zu Heinen, auf den Beschaffungsaspekt eingeschränkt. In einem erweiterten Sinne wird "die zielgerichtete Gestaltung aller betrieblichen Zahlungsströme" als "Finanzwirtschaft" bezeichnet.

D. Schneider (1970, S. 137): "Ein Finanzierungsvorgang ist durch einen Zahlungsstrom definiert, der mit einer Einnahme beginnt".

19. Folgende hauptsächliche Entwicklungsstufen des Finanzierungsbegriffes lassen sich aufzeigen:

Zunehmende Begriffsextension

I. Das Kapital (im bilanziellen Sinne einer abstrakten Wertsumme) als begrifflicher Ansatzpunkt

1. "Finanzierung" wird definiert als Kapitalbeschaffung
   a) Beschränkung auf langfristiges Kapital (z. T. sogar Einengung der Definition auf die Kapitalbeschaffung unter Ausgabe von Effekten - so z. B. Liefmann -)
   b) Begriffliche Subsumtion der lang- und kurzfristigen Kapitalbeschaffungen
2. "Finanzierung" umfaßt sowohl Kapitalbeschaffungen als auch Kapitaltilgungen und Kapitalumschichtungen (Passivtausch) - so z. B. Schmalenbach -

II. Ausdehnung der Betrachtungsweise auf die Vermögenssphäre: "Finanzierung" wird definiert als Kapitalaufbringung und Kapitaldisposition
(d. h. als Gegenstand finanzwirtschaftlicher Überlegungen gelten über die Kapitalbeschaffung hinaus auch die Verwendungsalternativen sowie die Desinvestitions-Möglichkeiten)
- so z. B. Sandig, Rössle, Beckmann -

III. Der monetäre Finanzierungsbegriff stellt konsequent auf die Gestaltung betrieblicher Zahlungsströme ab (unabhängig davon, ob sie das Kapital als abstrakte Wertsumme in der Höhe bzw. Zusammensetzung verändern oder nicht).
- vgl. dazu oben die Antwort auf Frage 18. -

Keine völlige Übereinstimmung ist bisher zu der Frage erzielt worden, ob der

Begriff "Finanzierung" auf die Steuerung sämtlicher Zahlungsströme auszudehnen sei (so Heinen), oder ob er sich im engeren Sinne - wie in den gebräuchlichen Wortzusammensetzungen "Innenfinanzierung", "Außenfinanzierung", "Beteiligungsfinanzierung", "Kreditfinanzierung" usw. - nur auf die Mittelbeschaffung beziehen soll. Im letzteren Falle werden dann Problemstellungen, die die Gesamtheit von Ein- und Auszahlungsvorgängen umfassen, dem Oberbegriff "Finanzwirtschaft" oder auch "Finanzen" subsumiert. (vgl. dazu Sandig: "Finanzen und Finanzierung der Unternehmung", S. 11-13)

20. Die Außenfinanzierung wird hier untergliedert in

a) <u>die Beteiligungsfinanzierung</u>
(= Einlagen des Einzelunternehmers bzw. der am Unternehmen beteiligten Gesellschafter)

b) <u>die Kreditfinanzierung</u>
(= Zuführung finanzieller Mittel unter Begründung eines Schuldverhältnisses)
Im selben Sinne, aber nicht völlig einheitlich, werden oft auch die Begriffe "Fremdfinanzierung" oder "Darlehensfinanzierung" verwendet.

Zum Sonderfall der sogenannten Subventionsfinanzierung, auf die in diesem Arbeitsbuch nicht weiter eingegangen wird, vgl. Bellinger, B.: Langfristige Finanzierung, Wiesbaden 1964, S. 95f.

22. INNENFINANZIERUNG

I. Finanzierung aus betriebsüblichen Umsatzerlösen

II. Finanzierung aus sonstigen Erlösen (Veräußerung von Vermögensgütern außerhalb des betriebsüblichen Leistungsprozesses)

Insbesondere wichtig, (nachdem alle mit Auszahlungen verbundenen Aufwendungen abgedeckt sind):

1. Zurückbehaltung von Gewinngegenwerten (=Selbstfinanzierung)
2. Zurückbehaltung von Aufwandsgegenwerten (Aufwand, aber in der betreffenden Periode nicht Auszahlung!)

   z. B.:

   a) Abschreibungsgegenwerte

   b) Gegenwerte für Rückstellungsaufwand

(Vgl. dazu auch C. Sandig: Finanzen und Finanzierung der Unternehmung, S. 64)

Oft wird noch die "Innenfinanzierung durch Rationalisierungsmaßnahmen" als gesonderter Punkt genannt. Eigentliche Finanzierungsquelle ist aber auch hierbei der liquide eingegangene Umsatzerlös. Rationalisierungsmaßnahmen tragen zur Verringerung der Reinvestitionen bei, die für bisherige Verwendungszwecke erforderlich sind; dadurch werden die verfügbaren Finanzierungsmittel für neue Anlagemöglichkeiten freigesetzt.

24: b

25: d

26: a

II. Kapitalbedarf und Kapitalbedarfsrechnung

1. Lernzielbeschreibung

Nachdem Sie dieses Kapitel durchgearbeitet haben, sollen Sie

- die allgemeine Ursache für das Entstehen eines Kapitalbedarfs prägnant angeben können;
- die zeitliche Entwicklung eines Kapitalbedarfs grafisch darstellen können;
- einen Kapitalbedarf an einem einfachen Beispiel selbst errechnen können;
- die Hauptdeterminanten des Kapitalbedarfs nennen können;
- die Auswirkungen der betrieblichen Prozeßanordnung und der Prozeßgeschwindigkeit auf den Kapitalbedarf beschreiben können;
- die Kapitalbedarfsfunktion einer wachsenden Unternehmung erläutern können;
- die in der Literatur getroffenen Unterscheidungen zwischen "Kapitalbedarf", "Geldbedarf" und "Finanzbedarf" interpretieren können.

2. Literaturhinweise

Schwerpunktliteratur:

Gutenberg, E. : Grundlagen der Betriebswirtschaftslehre, 3. Bd.: Die Finanzen, 4. Aufl., Berlin-Heidelberg-New York 1970, S. 6-7, S. 12-15, S. 20-25, S. 49-54, S. 105-122

Heinen, E. : Einführung in die Betriebswirtschaftslehre, 3. Aufl., Wiesbaden 1970, S. 67f und S. 139-141.

Zur Vertiefung:

Sandig, C. : Finanzen und Finanzierung der Unternehmung, Stuttgart 1968, S. 24-37

Schneider, D. : Investition und Finanzierung, Köln und Opladen 1970, S. 489-493.

3. Lernfragen

+1. Wodurch entsteht ein Kapitalbedarf?

+2. Welche Unterscheidung zwischen "Kapitalbedarf", "Geldbedarf" und "Finanzbedarf" wird mitunter in der Literatur getroffen?

3. Machen Sie sich den Unterschied zwischen den in Frage 2. genannten Größen anhand einer grafischen Darstellung klar, aus der die im Zeitablauf anfallenden Ein- und Auszahlungen ersichtlich sind!

4. Welche Gesichtspunkte sind (im Gründungsstadium eines Unternehmens) bei der praktischen Ermittlung des Kapitalbedarfs für Anlagegüter zu berücksichtigen?

+5. Wodurch ergibt sich bei der Ermittlung des Kapitalbedarfs für Umlaufgüter eine zusätzliche Schwierigkeit?

+6. Berechnen Sie aus den folgenden (vereinfachenden) Angaben die Höhe des Kapitalbedarfs:

Ein Betrieb befinde sich im Anlaufstadium. Die Produktion umfaßt drei Bearbeitungsstufen (je einen Tag), die sukzessive durchlaufen werden. Nach vollzogener Anlaufphase sind alle Fertigungsstufen kontinuierlich ausgelastet.

Folgende Auszahlungen fallen pro Arbeitstag an:

1. Bearbeitungsstufe:	Fertigungsmaterial	(FM)	6.000.-- DM
	Fertigungslohn	(FL)	3.000.-- DM

sonstige kurzfristig mit Auszahlungen verbundene Kosten	(SK)	5.000.-- DM
2. Bearbeitungsstufe:	FM	4.000.-- DM
	FL	4.000.-- DM
	SK	2.000.-- DM
3. Bearbeitungsstufe:	FM	2.000.-- DM
	FL	1.000.-- DM
	SK	500.-- DM

Lagerdauer der Fertigerzeugnisse (von zusätzlichen Auszahlungen in der Lagerphase sei abstrahiert): 2 Arbeitstage

Das gewährte Zahlungsziel im Absatzsektor entspricht 10 Arbeitstagen

7. Nennen Sie die Hauptdeterminanten des Kapitalbedarfs! (Vgl. Gutenberg, S. 12ff)

+8. Wie wirkt sich die zeitliche Staffelung mehrerer Produktionsprozesse - verglichen mit der Möglichkeit, sie alle gleichzeitig beginnen zu lassen - auf die Höhe des Kapitalbedarfs aus?

+9. Wird durch eine Zunahme der Prozeßgeschwindigkeit in jedem Falle die Höhe des Kapitalbedarfs verringert?

10. Wovon hängt die Höhe des zusätzlichen Kapitalbedarfs ab, wenn in einem bestehenden Betrieb ein neues Erzeugnis produziert werden soll?

11. Welchen Einfluß hat es auf den Kapitalbedarf eines Unternehmens, wenn ein neu einzuführendes Produkt in Substitutionsbeziehung mit den bisherigen Produkten des Unternehmens tritt?

+12. Was wird im Hinblick auf Betriebsgrößenerweiterungen unter einer "Kapitalbedarfsfunktion" verstanden?

+13. Wie läßt sich eine nichtlineare Kapitalbedarfsfunktion wachsender Unternehmen begründen?

4. Kontrollfragen

14. Ein betrieblicher Kapitalbedarf entsteht

a) durch das zeitliche Auseinanderfallen von Auszahlungen und Aufwendungen

b) durch zeitliche Unterschiede zwischen Ertragsverbuchung und Zahlungseingang

c) durch das zeitliche Auseinanderfallen von Aufwendungen und Erträgen

d) durch das zeitliche Auseinanderfallen von Auszahlungen und Einzahlungen

15. E. HEINEN (Einführung) bezeichnet denjenigen Geldbedarf, der in dem betreffenden Zeitpunkt nicht durch "kapitalfreisetzende" Einzahlungen gedeckt ist, als

a) Finanzbedarf
b) Kapitalbedarf
c) zusätzlichen Kapitalbedarf
d) Kreditbedarf

16. Der Finanzbedarf im Sinne von E. HEINEN ist

a) stets höher als der Geldbedarf
b) stets niedriger als der Geldbedarf
c) mit dem Geldbedarf nicht zu vergleichen, da beide zu unterschiedlichen Zeitpunkten auftreten
d) entweder niedriger als der Geldbedarf oder gleich groß

17. Die zeitliche Staffelung mehrerer Produktionsprozesse führt - verglichen mit dem Fall ihres gleichzeitigen Durchführungsbeginns - zu

a) einer Erhöhung des maximalen Kapitalbedarfs
b) einer Senkung des maximalen Kapitalbedarfs
c) keiner Veränderung des maximalen Kapitalbedarfs, aber zu einer Nivellierung der Kapitalbedarfsschwankungen im Zeitablauf
d) überhaupt keiner Auswirkung auf den Kapitalbedarf

5. Lösungshinweise für das zweite Kapitel

1. Der betriebliche Kapitalbedarf in einem bestimmten Zeitpunkt ergibt sich aus der Differenz zwischen den "kapitalbindenden" Auszahlungen und den "kapitalfreisetzenden" Einzahlungen, die bis zu diesem Zeitpunkt angefallen sind. (Vgl. dazu Heinen, S. 140f; zu den Begriffen "kapitalbindende Auszahlungen" und "kapitalfreisetzende Einzahlungen" vgl. ebda. S. 67ff.)

"Wenn alle Auszahlungs- und Einzahlungsbeträge gleich groß sind und auf die gleichen Zeitpunkte fallen, gibt es keinen Kapitalbedarf." (Gutenberg, S. 6)

2. Der Kapitalbedarf errechnet sich aus der Differenz zwischen den bis zum Betrachtungszeitpunkt kumulierten Aus- und Einzahlungswerten (siehe näher oben, 1.).

Der Geldbedarf eines Zeitpunktes bestimmt sich nach den gerade in diesem Zeitpunkt zu leistenden Auszahlungen.

Als Finanzbedarf wird von HEINEN nur derjenige Geldbedarf definiert, der in dem betreffenden Zeitpunkt nicht durch kapitalfreisetzende Einzahlungen gedeckt ist. (Kapitalzuführende Einzahlungen sind erforderlich).

5. Es ist die Zeitdauer bis zum Zahlungsmittelrückfluß aus Umsätzen sowie die Art und Häufigkeit der innerhalb dieses Zeitraumes auszahlungswirksamen Betriebsprozesse abzuschätzen (vgl. dazu das vereinfachte Beispiel in Frage 6).

6. Bezeichnet man die Zahl der Teilprozesse (Prozeßstufen), die bis zum Rückfluß der ersten Erlöse in Anspruch genommen werden, mit n und die auf jeder Stufe erforderlichen Auszahlungen mit a_i ($i = 1, 2, \ldots, n$), so läßt sich der Kapitalbedarf K (unter den in der Fragestellung genannten Annahmen) wie folgt bestimmen:

$$K = na_1 + (n-1)\,a_2 + \ldots + 2a_{n-1} + a_n$$

(Vgl. dazu D. Schneider, S. 490)

Für unser Zahlenbeispiel ergibt sich:

$K = 15 \times 14.000 + 14 \times 10.000 + 13 \times 3.500 + 12 \times 0 + \ldots + 1 \times 0 = 395.500.--$

8. Ein Prozeß sei durch folgende zeitliche Anordnung der Aus- und Einzahlungen gekennzeichnet (GE = Geldeinheiten):

Zeitpunkt	Auszahlung	Einzahlung
t_1	40 GE	
t_2	20 GE	
t_3	25 GE	
t_4		85 GE

In t_4 beginne wiederum ein gleichartiger Prozeß (d.h. der Einzahlung von 85 GE steht im selben Zeitpunkt eine Auszahlung von 40 GE gegenüber, usw.) Läßt man nun drei solche Prozesse nebeneinander beginnen, so ergeben sich folgende Werte für den Kapitalbedarf:

In t_1	120 GE	t_5	180 GE
t_2	180 GE	t_6	255 GE
t_3	255 GE	t_7	120 GE
t_4	120 GE	usw.	

Beginnen statt dessen die einzelnen Prozesse zeitlich gestaffelt, z. B. Prozeß 2 einen Tag später und Prozeß 3 zwei Tage später als Prozeß 1 usw., so zeigt sich folgende Entwicklung des Kapitalbedarfs (Zahlen mit * = Einzahlung):

Prozeß Nr.	t_1	t_2	t_3	t_4	t_5	t_6	t_7	t_8	t_9
1	40	20	25	85 *					
2		40	20	25	85 *				
3			40	20	25	85 *			
4				40	20	25	85 *		
5					40	20	25	85 *	
6						40	20	25	85 *
7							40	20	25
8								40	20
9									40
Kum. Ausz.	40	100	185	270	355	440	525	610	695
Kum. Einz.				85	170	255	340	425	510
Kap. Bedarf	40	100	185	185	185	185	185	185	185

Ergebnis: Bei zeitlicher Staffelung mehrerer Produktionsprozesse liegt das Maximum des Kapitalbedarfs niedriger als im Falle des gleichzeitigen Beginns aller Prozesse.

Andererseits ergibt sich bei gleichzeitigem Prozeßbeginn eine stärkere Rückführung des Kapitalbedarfs im Zeitpunkt der Einzahlungen (z. B. in t_4: Minimum von 120 GE gegenüber 185 GE bei zeitlicher Staffelung).

Die zeitliche Staffelung führt also zu einer Entwicklung des Kapitalbedarfs, die durch weniger ausgeprägte Extremwerte gekennzeichnet ist (Tendenz zur Nivellierung).

9. Eine Zunahme der Prozeßgeschwindigkeit reduziert zwar generell die Kapitalbindungsdauer für den einzelnen Produktionsprozeß.

Die maximale Höhe des Kapital- Bedarfs verringert sich aber nur, falls durch eine Ablaufverkürzung die Einzahlungstermine soweit vorverlegt werden, daß sie nunmehr mit bislang vorgeschalteten Auszahlungszeitpunkten zusammenfallen. (Im einfachen Beispiel 8. für gestaffelte Prozesse etwa: falls sich die bisher am 4. Tag des Einzelprozesses anfallende Einzahlung von 85 GE auf den 3. Tag vorverlegen läßt).

12. Gedanklicher Ansatzpunkt ist der Kapitalbedarf, der bei Vollauslastung der jeweiligen Kapazität rechnerisch auf eine Produkteinheit entfällt. Er wird als Quotient q aus dem im Betrieb gebundenen Kapital und der auszubringenden Produktmenge x definiert . Die Kapitalbedarfsfunktion läßt sich dann schreiben als

$$F(x) = qx,$$

wobei unterschiedliche x jeweils die Produktmenge bei Vollauslastung alternativer Kapazitäten bedeuten.

Ermittelt man in detaillierter Weise die Quotienten $\alpha_1, \ldots, \alpha_n$ aus dem Verhältnis des (1) in Betriebsmitteln, (2) in Eingangslagern, (3) in Verkaufslagern usw. gebundenen Kapitals und der Produktmenge, so gilt:

$$\begin{aligned} f_1 &= \alpha_1 x \\ f_2 &= \alpha_2 x \\ &\;\vdots \\ f_n &= \alpha_n x \end{aligned}$$

oder zusammenfassend (Gesamtkapitalbedarfsfunktion):

$$F(x) = x \sum_{i=1}^{n} \alpha_i$$

13. Eine nichtlineare Kapitalbedarfsfunktion wachsender Unternehmen ist im Zusammenhang mit technisch-wirtschaftlichen Entwicklungen (Produktivitätssteigerungen) wie folgt begründbar: Falls eine größere Produktmenge x durch Inbetriebnahme moderner Fertigungsanlagen realisiert wird (Ausweitung der Betriebsgröße unter Nutzung von Rationalisierungsfortschritten), so lassen sich die Quotienten α_i bei Vollauslastung senken.

14: d

15: a

16: d

17: b

III. Die Beteiligungsfinanzierung

1. Lernzielbeschreibung

Nachdem Sie dieses Kapitel durchgearbeitet haben, sollen Sie

- den Begriff "Beteiligungsfinanzierung" definieren können;
- Kriterien zum systematischen Vergleich der Beteiligungsfinanzierung bei verschiedenen Rechtsformen angeben können;
- den Kreis der bei einer Beteiligungsfinanzierung mitwirkenden Gesellschafter und deren Haftung für die
  stille Gesellschaft,
  BGB - Gesellschaft,
  OHG,
  KG,
  AG,
  KGaA,
  GmbH,
  bergrechtliche Gewerkschaft
  und Genossenschaft

  darstellen können;
- bei diesen Rechtsformen die wesentlichsten Regelungen
  des Mindest-Kapitalanteils bzw. der Mindesteinzahlung,
  der Gewinnansprüche,
  des buchtechnischen Ausweises von Kapitalkonten, ausstehenden Einlagen und noch nicht entnommenen Gewinnen wiedergeben können;
- die Merkmale von Inhaber-, Namens- und vinkulierten Namensaktien,
  Stamm- und Vorzugsaktien,
  Mehrstimmrechtsaktien und stimmrechtslosen Aktien,
  Quotenaktien, Kuxen und Genußscheinen

  kennzeichnen können;
- die wichtigsten Aufwendungen, die bei einer Aktienemission entstehen, nennen können;
- zwischen Bilanzkurs und Börsenkurs unterscheiden können.

2. Literaturhinweise

Schwerpunktliteratur:

Bellinger, B. : Langfristige Finanzierung, Wiesbaden 1964, S. 65-86

Vormbaum, H. : Finanzierung der Betriebe, Wiesbaden 1964, S. 43-63

Wöhe, G. : Einführung in die Allgemeine Betriebswirtschaftslehre, 10. Aufl., Berlin und Frankfurt a. M. 1970, S. 126-129 S. 386-397

Zur Vertiefung:

Kottke, K. : Finanzierung und Steuer, Berlin 1968, S. 119-138

Rittershausen, H. : Industrielle Finanzierungen, Wiesbaden 1964, S. 38-44, S. 53-65 und S. 165-177

Schmalenbach, E. : Die Beteiligungsfinanzierung, 9. Aufl., Köln und Opladen 1966, S. 94ff

3. Lernfragen

1. Worin bestehen die finanzwirtschaftlichen und rechtlichen Merkmale der Beteiligungsfinanzierung?

+2. Welche Güterarten können einer Unternehmung im Rahmen der Beteiligungsfinanzierung zugeführt werden?

3. Geben Sie Kriterien an, nach denen sich die Beteiligungsfinanzierung bei verschiedenen Rechtsformen von Unternehmungen systematisch vergleichen läßt! (siehe z. B. Bellinger, S. 67f.)

4. Welche Möglichkeit der Beteiligungsfinanzierung bietet sich für einen Einzelunternehmer, wenn er nach außen weiterhin allein als Geschäftsinhaber auftreten will?

5. Nennen Sie die Rechte und Pflichten, die ein stiller Gesellschafter mit seiner Einlage erwirbt bzw. übernimmt!

6. Wodurch unterscheiden sich die typische und die atypische stille Gesellschaft?

7. Handelt es sich um eine Beteiligungsfinanzierung, wenn ein Unternehmer ein Darlehen erhält, für das kein fester Zins, sondern eine Gewinnbeteiligung vereinbart ist?

8. Versuchen Sie, die stille Gesellschaft gegenüber einem Kreditverhältnis abzugrenzen!

9. Wie unterscheidet sich im Konkursfall die Haftung des stillen Gesellschafters gegenüber der des Kommanditisten?

10. Nennen Sie Beispiele für die erwerbswirtschaftliche Betätigung von BGB-Gesellschaften, und kennzeichnen Sie deren Beteiligungsfinanzierung!

11. Führen Sie die Unterschiede an, die sich bei der Beteiligungsfinanzierung einer OHG gegenüber einer KG ergeben
    a) hinsichtlich des Bilanzausweises der Kapitalkonten
    b) hinsichtlich der Gewinnansprüche
    c) hinsichtlich der Verbuchung noch ausstehender Einlagen sowie noch nicht entnommener Gewinne
    d) hinsichtlich der Haftung

12. Wie hoch ist der für das Grundkapital einer Aktiengesellschaft vorgeschriebene Mindestbetrag? (§ 7 AktG)

13. Welche Mitgliedschaftsrechte verbrieft eine Aktie?

14. Wie ist die Beteiligungsfinanzierung bei einer Kommanditgesellschaft auf Aktien geregelt?

15. Worin unterscheidet sich die Übertragbarkeit von Namensaktien und Inhaberaktien?

16. Wie nennt man Aktien, für die die Regelung des § 68, 2 AktG eingreift?

17. Nennen Sie Gründe für die Ausgabe von vinkulierten Namensaktien!

18. In welchen Fällen m ü s s e n Namensaktien ausgegeben werden?

19. Eine AG wird gegründet. Die Aktien sollen zu einem Kurs von 115% ausgegeben werden. Welcher Betrag ist dabei mindestens pro Aktie (Nennwert DM 50.--) einzuzahlen? (vgl. § 36, 2 AktG und Kontrollfrage 48.)

20. Wie wird ein nach Frage 19 nicht eingezahlter Betrag verbucht?

21. Worin unterscheiden sich Stamm- und Vorzugsaktien?

22. Welche Vorrechte können Vorzugsaktien gewähren?

23. Zeigen Sie verschiedene mögliche Gestaltungsformen von Dividendenvorrechten auf!

24. Welche Regelung des Dividendenanspruchs sieht das AktG für stimmrechtslose Aktien vor? (§§ 139, 1 und 140, 2 AktG)

25. Sind Mehrstimmrechtsaktien zulässig? (§ 12, 2 AktG und § 5 Einführungsgesetz zum Aktiengesetz)

26. Welche Aufwendungen entstehen anläßlich einer Aktienemission?

27. Wie sind die unter Frage 26 genannten Aufwendungen (AktG: "Aufwendungen für die Kapitalbeschaffung") sowie ein eventuelles Agio zu verbuchen? (§§153, 4 und 150, 2 Ziff. 2 AktG)

28. Welche Rechte werden durch Genußscheine verbrieft?

29. Wie sind Genußscheine gegenüber Aktien begrifflich abzugrenzen?

30. Nennen Sie mögliche Anlässe für die Ausgabe von Genußscheinen!

31. In welchen Bilanzpositionen wird das Eigenkapital einer AG ausgewiesen?

32. Was ist unter dem "Bilanzkurs" einer Aktie zu verstehen?

33. Wie wird an der Börse der sog. Einheitskurs einer Aktie ermittelt?

34. Was ist das besondere Merkmal von sog. Quotenaktien?

35. Sind Quotenaktien in Deutschland zulässig? (vgl. § 6 AktG)

36. Kennen Sie ein der Quotenaktie ähnliches Wertpapier?

37. Was sind Kuxe?

38. Werden Kuxe an der Börse gehandelt?

39. Was bedeuten "Zubußen" bei einer bergrechtlichen Gewerkschaft?

40. Über welchen Betrag muß das Stammkapital einer GmbH mindestens lauten? (§ 5, 1 GmbHG)

41. Wie hoch ist die Mindeststammeinlage bei einer GmbH; welcher Betrag ist hierauf mindestens einzuzahlen? (§§ 5, 1 und 7, 2 GmbHG)

42. Welche besonderen Pflichten der Beteiligten können bei der GmbH, im Unterschied zur AG, hinsichtlich der Kapitaleinlagen vorgesehen sein? (§§ 26-28 GmbHG)

43. Erläutern Sie die Unterscheidung von Geschäftsanteil, Geschäftsguthaben und Haftsumme eines Genossenschaftsmitglieds!

44. Eine Zurückbehaltung erwirtschafteter Gewinne steht, streng genommen, im Widerspruch zum Grundauftrag einer Genossenschaft. Wie hängt es mit der Besonderheit genossenschaftlicher Beteiligungsfinanzierung zusammen, daß dennoch die Bildung von Rücklagen ("Reservefonds") notwendig erscheint?

4. Kontrollfragen

45. Welches der folgenden Merkmale kennzeichnet eine atypische stille Gesellschaft?

a) beim Ausscheiden des stillen Gesellschafters werden seine Einlage und der noch nicht entnommene Gewinnanteil ausbezahlt
b) der stille Gesellschafter ist am Geschäftsvermögen beteiligt
c) die Einlage geht in das Vermögen des Geschäftsinhabers über
d) es ist vereinbart, daß der stille Gesellschafter nicht am Verlust der Firma teilnimmt

46. Welches der folgenden Merkmale trifft auf einen Kux, aber nicht auf eine Aktie zu?

a) Recht auf Anteil am Liquidationserlös
b) Recht auf Gewinnanteil
c) Pflicht zur Leistung einer Mindesteinlage
d) Nachschußpflicht für die Anteilseigner

47. In welchem der nachstehenden Fälle liegt Beteiligungsfinanzierung einer KG vor?

a) der KG wird ein partiarisches Darlehen gewährt
b) die KG erwirbt über die Börse eine Beteiligung an einer Konkurrenzfirma
c) ein Kommanditist beläßt seinen Gewinnanteil in der Unternehmung
d) ein Komplementär bringt Aktien einer Konkurrenzfirma aus seinem Privatvermögen in das Gesellschaftsvermögen ein

48. Bei einer AG sollen Aktien zum Kurs von 200 % ausgegeben werden. Welcher Betrag ist dabei mindestens pro Aktie (Nennwert DM 50.--) einzuzahlen?

a) DM 62.50
b) DM 25.--
c) DM 50.--
d) DM 100.--

49. Welches Recht kann ein Genußschein nicht verbriefen?

a) Ansprüche auf anteilige Erlöse aus einer Patentverwertung

b) Anspruch auf Anteil am Jahresgewinn

c) Stimmrecht in der Hauptversammlung einer AG

d) Anspruch auf anteiligen Liquidationserlös

5. Lösungshinweise für das dritte Kapitel

2. In der Regel handelt es sich um Nominalgüter (Bareinlagen). Ebenso kommt aber als sog. Sacheinlage die Zuführung von Realgütern in Frage. (Vgl. dazu auch Kapitel 1, Fragen 2. und 17. sowie die dazugehörigen Antworthinweise).

45: b

46: d

47: d

48: a

49: c

IV. Möglichkeiten der langfristigen Kreditfinanzierung

1. Lernzielbeschreibung

Nachdem Sie dieses Kapitel durchgearbeitet haben, sollen Sie

- Kriterien nennen können, die für die Wahl der langfristigen Kreditfinanzierung im Vergleich zur Beteiligungsfinanzierung von Bedeutung sind;
- die Personenkreise bzw. Institutionen angeben können, die im wesentlichen als Gläubiger bei langfristigen Krediten in Betracht kommen;
- die als Sicherheit für langfristige Darlehen üblichen Grundpfandrechte skizzieren können;
- die Technik und Bedeutung des Schuldscheindarlehens darstellen können;
- den Grundgedanken des Revolving-Systems erklären können;
- Pfandbriefe, Kommunalobligationen und Industrieobligationen unterscheiden können;
- "Teilschuldverschreibungen" im Zusammenhang mit einer Anleihe definieren und von Schuldscheinen abgrenzen können;
- die Behandlung des Disagios, die Tilgungsmodalitäten und die Möglichkeiten einer Konversion bei Anleihen darlegen können;
- Wandelschuldverschreibungen, Optionsschuldverschreibungen und Gewinnschuldverschreibungen als Finanzierungsinstrumente erläutern können.

2. Literaturhinweise

Schwerpunktliteratur:

Bellinger, B.	: Langfristige Finanzierung, Wiesbaden 1964, S. 96-112
Vormbaum, H.	: Finanzierung der Betriebe, Wiesbaden 1964, S. 121-126, S. 152-174
Wöhe, G.	: Einführung in die Allgemeine Betriebswirtschaftslehre, 10. Aufl., Berlin u. Frankfurt a. M. 1970, S. 397-405

Zur Vertiefung:

Rittershausen, H. : Industrielle Finanzierungen, Wiesbaden 1964 S. 185-262

Finanzierungs-Handbuch (Hrsg.: H. Janberg), 2. Aufl., Wiesbaden 1970;
hieraus die Artikel von F. W. Christians (S. 281ff)
J. H. Pfeiffer (S. 299ff)

3. Lernfragen

1. Welche Fragen entstehen bei der langfristigen Kreditfinanzierung, verglichen mit der Beteiligungsfinanzierung, hinsichtlich der Liquidität (= jederzeitige Zahlungsfähigkeit)?

2. Führen Sie steuerliche Gesichtspunkte an, die bei der Wahl zwischen Beteiligungsfinanzierung und langfristiger Kreditfinanzierung eine Rolle spielen können!

3. Was ist bei einem langfristigen Darlehen unter der Annuität zu verstehen?

4. Wie unterscheiden sich eine Hypothek und eine Grundschuld als Darlehenssicherung?

5. Worin bestehen die wesentlichen Merkmale eines Schuldscheindarlehens?

6. Um welche Art von Urkunde handelt es sich beim Schuldschein?

7. Erklären Sie den Grundgedanken des sog. Revolving-Systems bei Schuldscheindarlehen!

8. Was sind Pfandbriefe?

9. Wem gewähren Sie - wirtschaftlich gesehen - indirekt Kredit, wenn Sie einen Pfandbrief erwerben?

10. Grenzen Sie den Pfandbrief gegenüber einer Kommunalobligation und gegen eine Industrieobligation ab!

11. Welche Tatbestände werden unter dem Stichwort "Ausstattung einer Anleihe" zusammengefaßt?

12. Erläutern Sie im Zusammenhang mit einer Anleihe den Ausdruck "Teilschuldverschreibung"!

13. Welche Unternehmungen kommen als Emittenten von Teilschuldverschreibungen in Frage?

14. Unter welchen Aspekten kann die Emission von Obligationen statt der Aufnahme eines langfristigen Bankkredits angebracht erscheinen?

15. Vergleichen Sie Schuldscheindarlehen und Industrieobligationen hinsichtlich des Kreises der möglichen Kreditgeber und Kreditnehmer!

16. Welche Unterschiede bestehen zwischen Schuldscheindarlehen und Industrieobligationen bezüglich
Laufzeit,
Zinsbelastung und
Belastung mit sonstigen Aufwendungen
für die Kapitalbeschaffung?

17. Wie lauten die Möglichkeiten zur Verbuchung eines Disagios bei Anleihen?

18. Erläutern Sie, wie sich im Konkursfall die Rechte aus einer Industrieobligation und aus einer Aktie unterscheiden!

19. Nach welchen Verfahren kann eine Industrieanleihe getilgt werden?

20. Was versteht man unter der Konversion einer Anleihe?

21. Wodurch wird für den Schuldner die Konversion einer Anleihe aktuell?

22. Welche Verfahrensweisen kommen bei Konversionen grundsätzlich in Betracht?

23. Welche Arten von Wandelschuldverschreibungen werden, gemäß der Formulierung des Aktiengesetzes, vom Gesetzgeber unterschieden?

24. Wie bezeichnet hingegen die Finanzierungspraxis Schuldverschreibungen, die kein Umtauschrecht in Aktien, sondern ein (zusätzliches) Bezugsrecht auf Aktien gewähren?

+25. Grenzen Sie Optionsschuldverschreibungen gegen Optionsscheine ab!

26. Welche Vorteile für den Emittenten kann die Ausgabe von Wandelschuldverschreibungen gegenüber einer sofortigen Grundkapitalerhöhung bringen? (vgl. z. B. Rittershausen S. 227f)

27. Zu welchen Zeiten sind in der Vergangenheit Wandelanleihen bevorzugt worden?

28. Welche finanzielle Auflage hat der Inhaber von Wandelschuldverschreibungen meist bei deren Umtausch in Aktien zu erfüllen?

29. Erklären Sie den in § 221, 1 AktG erwähnten Begriff der Gewinnschuldverschreibung!

30. Grenzen Sie die Gewinnschuldverschreibung ab

a) gegen eine Vorzugsaktie
b) gegen eine Wandelschuldverschreibung
c) gegen einen Genußschein

+31. Ein Unternehmen zahlt 20 % Dividende; der Kapitalmarktzins beträgt für langfristiges Fremdkapital 6 %. Welche Größen fehlen Ihnen, um entscheiden zu können, ob für das Unternehmen eine Erhöhung des Grundkapitals oder eine Anleihe "billiger" ist?

+32. Wählen Sie für die Frage 31 diese Größen so, daß beide Finanzierungsarten für das Unternehmen gleich günstig sind!
(Zur Vereinfachung ohne Berücksichtigung von Steuern).

4. Kontrollfragen

33. Als Kreditgeber kommen beim Schuldscheindarlehen in erster Linie in Frage:

a) die öffentliche Hand
b) sog. Kapitalsammelstellen
c) Pfandbriefanstalten
d) private Erwerber von Schuldverschreibungen

34. Ein Industrieunternehmen nimmt (unter Ausgabe von Teilschuldverschreibungen) eine Anleihe im Gesamtbetrag von 10 Mio. DM auf. Ausgabekurs der Obligationen:98 %; der Rückzahlungskurs ist mit 100 % festgelegt. Welche der nachfolgenden Alternativen kann als richtig angesehen werden?

a) die Anleihe wird zu DM 10 Mio. passiviert; DM 200.000.-- Disagio werden gesondert unter den Posten der Rechnungsabgrenzung aktiviert
b) es werden DM 9,8 Mio. passiviert, und DM 200.000.-- werden in die gesetzliche Rücklage eingestellt
c) es werden DM 10 Mio. passiviert, und DM 200.000.-- werden in die gesetzliche Rücklage eingestellt
d) die Unterpari-Ausgabe von Obligationen ist gar nicht gestattet

35. Bei Gewinnschuldverschreibungen handelt es sich

a) um einen besonderen Typ von Vorzugsaktien, bei denen eine bestimmte Mindestdividende zur Nachzahlung geschuldet wird, wenn sie in einem Geschäftsjahr nicht ausgeschüttet werden konnte
b) um Obligationen, die zum Ende der Laufzeit vom Schuldner über pari zurückgezahlt werden
c) um Schuldverschreibungen, die neben fester Verzinsung mit einem Anspruch

auf Gewinnbeteiligung ausgestattet sind

d) um Schuldverschreibungen einer AG, die bei guter Gewinnsituation in Aktien des betreffenden Unternehmens umgewandelt werden können

36. Wenn von der Konversion einer Anleihe die Rede ist, so ist damit gemeint:

a) die Umwandlung von Obligationen in Aktien

b) die Änderung der Schuldbedingungen, so daß ein veränderter Zinsfuß und/oder veränderte Tilgungsmodalitäten gelten

c) die Kündigung einer Anleihe durch die Gläubiger, was in Ausnahmefällen nach den Anleihebedingungen vorgesehen sein kann

d) die Ausgabe von Schuldverschreibungen teils in inländischer, teils in fremder Währung

37. Optionsschuldverschreibungen verbriefen ein Recht auf

a) Wahl zwischen festem Zins oder Verzinsung in Abhängigkeit von der jeweiligen Dividendenhöhe

b) Mitwirkung bei Abstimmungen in der Hauptversammlung

c) späteren Unterpari-Erwerb von weiteren Schuldverschreibungen derselben Anleihe

d) Bezug von Aktien des Schuldnerunternehmens

38. Welche der folgenden Eigenschaften trifft auf einen Schuldschein zu?

a) der Schuldschein ist eine Namensobligation

b) der Schuldschein ist ein i. d. R. auf den Inhaber lautendes Wertpapier

c) der Schuldschein ist ein Orderpapier

d) der Schuldschein ist eine Beweisurkunde

39. In welchem der folgenden Punkte unterscheiden sich grundsätzlich Pfandbriefe und Kommunalobligationen?

a) Art der gestellten Sicherheiten

b) Verzinsung

c) Rückzahlungsmodalitäten

d) Institute, die als Emittent der Wertpapiere auftreten

5. Lösungshinweise für das vierte Kapitel

25. Die Optionsscheine sind ursprünglich mit der (Options-) Schuldverschreibung verbunden; sie können aber i. d. R. abgetrennt und börsenmäßig gesondert gehandelt werden. Als selbständige Urkunde verbriefen sie das in den Anleihebedingungen festgelegte Aktien-Bezugsrecht.

31. Um den erwähnten Vergleich durchführen zu können, werden Angaben über die Emissionskurse der Aktien bzw. der Obligationen benötigt.

32. Z. B. Emission der Obligationen zu 100 %; Emission der Aktien zu rund 333 %.

33: b

34: a

35: c

36: b

37: d

38: d

39: a

V. Die kurzfristige Kreditfinanzierung

1. Lernzielbeschreibung

Nachdem Sie dieses Kapitel durchgearbeitet haben, sollen Sie

- die Personenkreise bzw. Institutionen bezeichnen können, die i. d. R. als Gläubiger kurzfristiger Kredite in Frage kommen;
- die maximale Zeitspanne, bis zu der ein Kredit als kurzfristig angesehen wird, angeben können;
- Aussagen über die Zinsbelastung bei Kundenanzahlungen und Lieferantenkrediten treffen können;
- den Kontokorrentkredit und den Lombardkredit beschreiben können;
- die wichtigsten formellen Merkmale, die bei Wechselgeschäften zu beachten sind, aufzeigen können;
- die Grundgeschäfte (einschließlich Auslandsbeziehungen) umreißen können, die im Zusammenhang mit Wechselausstellungen eine Rolle spielen;
- die Technik des Wechseldiskontkredits und des Akzeptkredits wiedergeben können;
- die Begriffe "Rembourskredit", "Negotiationskredit", "Akkreditiv" und "commercial letter of credit" interpretieren können;
- Avalkredite als "Kreditleihe" erläutern können;
- Zwischen Bürgschaft und Garantie unterscheiden können.

2. Literaturhinweise

Schwerpunktliteratur:

Vormbaum, H. : Finanzierung der Betriebe, Wiesbaden 1964, S. 110-114, S. 129-149

Wöhe, G. : Einführung in die Allgemeine Betriebswirtschaftslehre, 10. Aufl., Berlin und Frankfurt a.M. 1970, S. 406-410, S. 412

Zur Vertiefung:

Finanzierungs-Handbuch (Hrsg.: H. Janberg), 2. Aufl., Wiesbaden 1970;
hieraus die Artikel von H. Janberg (dort insbesondere S. 46-49)
W. Breuer (S. 249ff)
J. Feske (insbesondere S. 427-440) und
G. Dempewolf (S. 687ff)

3. Lernfragen

1. Bis zu welcher Laufzeit bezeichnet die Finanzierungspraxis einen Kredit als kurzfristig? (vgl. u. a. H. Janberg in: Finanzierungs-Handbuch, S. 46)

2. Liegt Kreditfinanzierung vor, wenn der Kunde einer Industrieunternehmung Vorauszahlungen für noch ausstehende Lieferungen leistet?

3. Führen Kundenanzahlungen zu einer Zinsbelastung?

4. Worin besteht die Verzinsung eines Lieferantenkredits?

5. Wie hoch ist die Verzinsung (Prozentsatz pro Jahr) für einen Lieferantenkredit bei folgenden Konditionen:
"Zahlbar innerhalb von 10 Tagen unter Abzug von 2% Skonto, oder innerhalb von 30 Tagen netto"?

6. Eine Unternehmung bezieht von einem ihrer Lieferanten jeden Monat Waren im Wert von 15.000.-- DM. Das Zahlungsziel von 30 Tagen wird regelmäßig ausgenützt. Kann man in diesem Falle von einem kurzfristigen Lieferantenkredit sprechen?

7. Welche Möglichkeit der Kreditsicherung hat der Lieferant?

8. Was versteht man unter einem Kontokorrentkredit?

9. Für welche Fälle des Finanzbedarfs erscheint der Kontokorrentkredit als geeignete Deckungsmöglichkeit?

10. Wodurch ist der Lombardkredit gekennzeichnet?

11. Wann wird von einem "unechten Lombardkredit" gesprochen?

12. Was bezeichnet man als Dispositionspapiere (Traditionspapiere)?

13. Welche Rolle können Dispositionspapiere beim Lombardkredit spielen?

14. Wie lauten die wesentlichsten Merkmale eines Wechsels?

15. Stellen Sie an einem Beispiel die wirtschaftlichen Beziehungen dar, die der Ausfertigung eines sogenannten Warenwechsels zugrunde liegen!

16. Erklären Sie die Begriffe "Bezogener", "Remittent" und "Tratte"!

17. Was ist ein Solawechsel?

18. Was bedeutet eine Unterschrift auf der Vorderseite des Wechsels, sofern sie nicht vom Aussteller oder Bezogenen stammt?

19. Welche Vorteile besitzt ein Wechsel für den Gläubiger
    a) bezüglich der Sicherheit
    b) hinsichtlich der vorzeitigen Liquidierbarkeit der Forderung

20. Skizzieren Sie kurz die Technik der Gewährung eines Wechseldiskontkredits!

21. Welche Bedeutung hat die Bundesbankfähigkeit eines Wechsels für den Wechselinhaber?

22. Unter welchen Bedingungen gilt ein Wechsel als bundesbankfähig?

23. Welche Folgen hat es
    a) für den Bezogenen
    b) für den Indossanten, der den Wechsel zum Diskont bei einer Bank eingereicht hat,

    wenn ein Wechsel zu Protest geht?

24. Inwiefern liegt bei der Wechseldiskontierung ein Kredit-Geschäft vor, obwohl die Wechseleinreichung beim Bankkunden nicht unmittelbar als Entstehen einer Verbindlichkeit, sondern als Aktivtausch verbucht wird?

25. Wie unterscheidet sich der Akzeptkredit vom Wechseldiskontkredit?

26. Auf welche Weise sind andererseits Akzeptkreditgeschäfte und Diskontgeschäfte praktisch eng verknüpft?

27. Beurteilen Sie, in welchen Fällen des Finanzbedarfs die Aufnahme eines Akzeptkredits zweckmäßig erscheint!

28. Geben Sie kurz die wirtschaftlichen Beziehungen bei einem Rembourskredit-Geschäft wieder!

29. Erklären Sie den Begriff "Akkreditiv"!

30. Unterscheiden Sie zwischen
a) widerruflichem und unwiderruflichem Akkreditiv
b) bestätigtem und unbestätigtem Akkreditiv

31. Welche Möglichkeit eröffnet der sog. "commercial letter of credit", als Sonderform des Akkreditivs, dem Begünstigten?

32. Worin besteht die Besonderheit des Negotiationskredits (Negoziierungskredits)?

33. Wie werden durch die in den Fragen 28 - 32 besprochenen Kreditformen finanzwirtschaftliche Anspannungen sowohl beim Importeur als auch beim Exporteur vermieden?

34. Was ist mit der Charakterisierung des Avalkredits als "Kreditleihe" gemeint?

35. Kommt die Kreditleihe auch im Zusammenhang mit Wechselgeschäften vor?

36. Wie unterscheiden sich eine Bürgschaft und eine Garantie? (vgl. § 767 BGB)

4. Kontrollfragen

37. Die Zahlungsbedingungen eines Lieferanten lauten: "Zahlbar innerhalb von 20 Tagen; bei Zahlung innerhalb von 10 Tagen 1 % Skonto". Die Zinsbelastung beträgt in diesem Falle bei voller Inanspruchnahme des Lieferantenkredits:

a) 18 %
b) 32, 7 %
c) 36 %
d) 38 %

38. Welche der nachstehend genannten Sicherheiten kommt im Rahmen eines Lombardkredits in Frage?

a) Bürgschaft
b) Verpfändung von Waren
c) Sicherungsübereignung von Maschinen
d) Hypothek auf Privatgrundstück

39. Ein Akzeptkredit ist durch folgende Konstruktion gekennzeichnet:

a) der Kreditnehmer reicht einen von ihm selbst akzeptierten Wechsel bei der Bank zum Diskont ein
b) die Bank zieht auf den Kreditnehmer einen Wechsel, den dieser akzeptiert; der Wechsel dient dabei zur Absicherung eines Kredits in laufender Rechnung
c) der Kunde reicht eine Tratte - d.h. einen gezogenen, aber noch nicht akzeptierten Wechsel - zum Diskont ein
d) der Kunde zieht einen Wechsel auf die kreditgebende Bank, den diese akzeptiert

40. Eine sogenannte Kreditleihe liegt vor,

a) wenn ein Kredit unentgeltlich gewährt wird
b) wenn die Hausbank Kredite anderer Spezialinstitute ohne eigenes Risiko an den Kreditnehmer weiterleitet
c) wenn die Bank dem Kunden nicht Geldmittel, sondern ihre eigene Kreditwürdigkeit zur Verfügung stellt (z. B. als Bürge)
d) wenn ein Lieferant Waren unter Zielgewährung mit Eigentumsvorbehalt liefert

41. Der Rembourskredit ist

a) eine spezielle Form der Außenhandelsfinanzierung
b) ein Kredit zur Durchführung von Spekulationsgeschäften an der Börse
c) ein Kredit, bei dem der Kreditgeber sich unmittelbar an einen Bürgen des Schuldners halten kann
d) ein Kredit, bei dem Wertpapiere als Sicherheit verpfändet sind

42. Der eigentliche ("echte") Lombardkredit unterscheidet sich im wesentlichen vom Kontokorrentkredit durch:

a) die Fristigkeit
b) die Auszahlungs- und Rückzahlungsmodalitäten
c) das Faustpfand als Sicherheit
d) die Orientierung der Zinshöhe an offiziellen Zinsfestlegungen der Deutschen Bundesbank

43. Welche der folgenden Bedingungen ist für die Bundesbankfähigkeit eines Wechsels nicht notwendig?

a) Mindestbetrag von 1.000.-- DM
b) drei gute Unterschriften
c) Zahlbarkeit an einem sogenannten Bankplatz
d) Fälligkeit innerhalb von drei Monaten

5. Lösungshinweise für das fünfte Kapitel

37: c
38: b
39: d
40: c
41: a
42: b
43: a

VI. Die finanzwirtschaftliche Bedeutung des Leasing und Factoring

1. Lernzielbeschreibung

Nachdem Sie dieses Kapitel durchgearbeitet haben, sollen Sie

- die Begriffe "Financial Leasing",
  "Operating Leasing",
  "Maintenance Leasing" und
  "Factoring"
  definieren können;
- das "Financial Leasing" gegen herkömmliche Miet- bzw. Pachtverhältnisse abgrenzen können;
- beurteilen können, ob das Leasing grundsätzlich als Finanzierungsvorgang anzusprechen ist;
- die bisher üblichen sowie grundsätzlich mögliche Auswirkungen des Leasing auf den bilanziellen Kapital-Ausweis verdeutlichen können;
- den Ansatz für einen Belastungsvergleich zwischen kreditfinanziertem Anlagenkauf und Leasing wiedergeben können;
- Leasing und Bankkredite in ihrer Konsequenz für den künftigen Verschuldungsspielraum des Kunden gegenüberstellen können;
- die Funktionen angeben können, die ein Factor für seinen Klienten übernehmen kann;
- zwischen notifiziertem und nicht notifiziertem Factoring unterscheiden können;
- das Factoring in die Systematik der Finanzierungsarten einordnen können;
- das Factoring hinsichtlich Leistung des Factors und Aufwandsbelastung des Klienten mit einem durch Forderungszession gesicherten Bankkredit vergleichen können.

2. Literaturhinweise

Schwerpunktliteratur:

Fischer, O. : Der Einfluß von Leasing und Factoring auf Finanzstruktur und Kosten der Unternehmung, in: Schriften zur Unternehmensführung (Hrsg. : H. Jacob), Doppelband 6/7 ("Kapitaldisposition, Kapitalflußrechnung und Liquiditätspolitik"), Wiesbaden 1968, S. 77ff

Floitgraf, H. : Leasing von industriellen Anlagen als Finanzierungsproblem, in: Finanzierungs-Handbuch (Hrsg.: H. Janberg), 2. Aufl., Wiesbaden 1970, S. 495ff

Horbach, J. : Das Factoring-Finanzierungssystem, in: Finanzierungs-Handbuch (Hrsg.: H. Janberg), 2. Aufl., Wiesbaden 1970, S. 543ff

Wöhe, G. : Einführung in die Allgemeine Betriebswirtschaftslehre, 10. Aufl. Berlin u. Frankfurt a. M. 1970, S. 362f, S. 411

Zur Vertiefung:

Büschgen, H. E. : Leasing als Finanzierungshilfe, in: Die Wirtschaftsprüfung, 22. Jg. (1969), Heft 15/16, S. 429ff

Glomb, G. P. : Finanzierung durch Factoring, Köln-Berlin-Bonn-München 1969

Hagenmüller, K. F. : (Hrsg.): Leasing-Handbuch, 2. Aufl., Frankfurt a. M. 1968

Havermann, H. : Leasing, eine betriebswirtschaftliche, handels- und steuerrechtliche Untersuchung , Düsseldorf 1965

Kern, W. : Finanzierung durch neue Formen der Vermögensumschichtung, in: Gegenwartsfragen der Unternehmensführung, Festschrift zum 65. Geburtstag von W. Hasenack, (Hrsg.: H. J. Engeleiter), Herne/Berlin 1966, S. 347ff

Das Leasing-Urteil des BFH vom 26. 1. 1970 ist abgedruckt in: Die Wirtschaftsprüfung, 23. Jg. (1970), Heft 7, S. 184-195

3. Lernfragen

Leasing

+1. Was ist unter "Financial Leasing" zu verstehen?

+2. Wie unterscheidet sich das "Financial Leasing" von den herkömmlichen, im BGB geregelten Miet- bzw. Pachtverhältnissen?

+3. Welche Typen von Leasing-Vereinbarungen sind Ihnen außer dem sogenannten "Financial Leasing" noch bekannt?

Die nachfolgenden Fragen beziehen sich speziell auf das "FINANCIAL LEASING".

4. Handelt es sich beim Leasing aus der Sicht des Leasing-Nehmers um eine Investition?

+5. Investitionen sind zu finanzieren. Falls Sie die Frage 4. bejaht haben, so erläutern Sie, ob damit das Leasing auch einen F i n a n z i e r u n g s vorgang beinhaltet!

+6. Nehmen Sie zu dem Argument Stellung, Leasing sei nicht als Finanzierungsvorgang aufzufassen, da hierbei kein bilanziell auszuweisendes Kapital beschafft werde! (vgl. in diesem Sinne z. B. Vormbaum, S. 19)

+7. Erläutern Sie die bisher übliche Behandlung von Leasing-Geschäften in der Handelsbilanz!

+8. Unterbreiten Sie einen Vorschlag, wie sich das Leasing in der Bilanz des Leasing-Nehmers berücksichtigen ließe!

+9. Unter welchen Voraussetzungen wird der Leasing-Nehmer steuerrechtlich als wirtschaftlicher Eigentümer angesehen, so daß für ihn eine Ausweispflicht in der Steuerbilanz entsteht?

+10. Welche Einflußgrößen sind zu berücksichtigen, wenn ein Belastungsvergleich zwischen dem Anlagenkauf mit Hilfe eines Bankkredits und dem Leasing durchgeführt wird?

11. Wodurch ist die unterschiedliche Höhe der Mietraten während der sogenannten Grundmietzeit einerseits und bei einer eventuellen Vertragsverlängerung andererseits begründet?

12. Nehmen Sie zu der These Stellung, daß die Leasing-Vereinbarungen eine Anlagennutzung ohne jeglichen Rückgriff auf sonstige Finanzierungsquellen ermöglichen! (vgl. dazu auch Kontrollfrage VI, 22)

+13. Läßt das Leasing, verglichen mit dem durch Bankkredit finanzierten Anlagenkauf, mehr Spielraum für künftige Verschuldungsmöglichkeiten?

Factoring

14. Erläutern Sie den Grundgedanken des Factoring!

15. Was versteht man unter "notifiziertem (= offenem)" und "nicht notifiziertem (= stillem)" Verfahren des Factoring?

+16. Welche verschiedenen Funktionen kann der Factor, je nach Vertragsgestaltung, für seinen Klienten übernehmen?

+17. Welcher Finanzierungsart ordnen Sie das Factoring zu, wenn eine Bevorschussung von Forderungen <u>ohne</u> Delkredere-Übernahme vorliegt?

+18. Rechnen Sie das Factoring <u>mit</u> Delkredere-Übernahme durch den Factor zur gleichen Finanzierungsart, die Sie bei Frage 17. genannt haben?

19. Welche Aufwendungen entstehen bei Inanspruchnahme eines Factors?

20. Nennen Sie Argumente, die für oder wider das Factoring - verglichen mit der Aufnahme eines üblichen Bankkredits - sprechen können!

4. Kontrollfragen

21. Vom Operating Leasing unterscheidet sich das Financial Leasing unter anderem durch folgende Besonderheit:

a) die gemieteten Güter werden in der Handelsbilanz nicht ausgewiesen
b) das Vertragsverhältnis ist für mehrere Jahre unkündbar
c) es werden nur Immobilien vermietet
d) der Vermieter kalkuliert in die Mietraten eine Kapitalverzinsung ein.

22. Von Leasing-Gesellschaften wird mitunter behauptet, daß die Nutzung einer Anlage dank der Leasing-Bedingungen ohne Inanspruchnahme irgendwelcher anderen Finanzierungsquellen möglich sei. Dies gilt nur unter folgender Prämisse:

a) die Grundmietzeit ist kürzer als die geplante Nutzungsdauer
b) der Leasing-Geber verzichtet auf die Kalkulation eines Gewinnaufschlags
c) der durch Einsatz des Leasing-Objektes bewirkte Einzahlungsstrom deckt im Zeitablauf stets die objektbedingten Auszahlungen einschließlich der Mietraten
d) der Leasing-Geber belastet in den ersten Vertragsjahren relativ geringe Mietraten und refinanziert sich zum Ausgleich bei einem Bankinstitut

23. Das Factoring ohne Delkredere-Übernahme des Factors läßt sich als eine Art der Kreditfinanzierung ansprechen, die - vor allem auch in der Auswirkung auf das Bilanzbild - gewisse Ähnlichkeit mit folgender Kreditform aufweist:

a) Kontokorrentkredit
b) Akzeptkredit
c) Rembourskredit
d) Wechseldiskontkredit

24. Mit welchem der nachstehenden Beispiele läßt sich das Factoring finanzwirtschaftlich am ehesten vergleichen, falls der Factor das Delkredere übernimmt?

a) Kontokorrentkredit

b) Lombardkredit

c) Verkauf einer Obligation

d) Avalkredit

5. Lösungshinweise für das sechste Kapitel

1. Das Financial Leasing ist ein Miet- bzw. Pachtgeschäft, bei dem die Vertragsbedingungen eine längerfristige Bindung und die Übernahme bestimmter Risiken seitens des Mieters vorsehen. (Zur Begründung des Zusatzes: "Financial" bzw. zur deutschen Übersetzung "Finanzierungs-Leasing" vgl. die Lösungshinweise zu Fragen 5. und 6.)

2. Gegenüber herkömmlichen Miet- und Pachtverhältnissen bestehen u. a. folgende Besonderheiten:

a) Eine kurzfristige Kündigung ist vertraglich ausgeschlossen; es wird eine sogenannte Grundmietzeit (ca. 3 - 5 Jahre bei beweglichen Anlagegütern) ohne Kündigungsmöglichkeit vereinbart. Diese Grundmietzeit ist allerdings in der Regel kürzer als die betriebsgewöhnliche Nutzungsdauer des Leasing-Objekts.

b) Das Investitionsrisiko ist voll vom Leasing-Nehmer zu tragen. Dies ergibt sich nicht nur aus den während der Grundmietzeit fehlenden Kündigungsmöglichkeiten, sondern auch aus einer Reihe weiterer Vertragsklauseln, wonach z. B. die Gefahr des zufälligen Unterganges oder außerordentlichen, vorzeitigen Verschleißes zu Lasten des Leasing-Nehmers geht.

3. Vom "Financial Leasing" (auch "Finance Leasing" oder "Financial Lease" genannt) wird das "Operating Leasing" (auch "Operational Leasing" oder "Operate Lease") unterschieden. Letzteres entspricht im wesentlichen der Miete nach deutschem Bürgerlichen Recht. Das Investitionsrisiko trägt hier der Vermieter. Der Mieter kann jederzeit unter Einhaltung relativ kurzer Kündigungs-

fristen vom Vertrag zurücktreten.

Als "Maintenance Leasing" wird eine Form des Mietvertrages bezeichnet, bei der der Leasing-Geber die laufende Wartung bzw. Reparaturen der vermieteten Objekte übernimmt. Zumeist ist dies eine zusätzliche Vereinbarung im Rahmen des Operating Leasing.

5. u. 6. In neuerer Zeit wird das Leasing häufig als ein Sonderfall der Kreditfinanzierung (= Außenfinanzierung) verstanden (so z. B. Büschgen, S. 432ff; weitere Literaturhinweise bei Kern, S. 358). Diese Auffassung geht von dem Argument aus, daß durch das Leasing Realgüter zu produktiven Zwecken in den Betriebsprozeß eingegliedert werden können, ohne daß sofort Auszahlungen in Höhe des vergleichbaren Anschaffungswertes vorzunehmen sind. Das Entgelt wird mit zeitlicher Verzögerung erbracht.

Havermann (S. 58) vertritt deshalb die These: "Leasing ist ein in die juristische Form von Miet- und Pachtverträgen gekleidetes teilzahlungsfinanzierungsähnliches Geschäft." Dem steht eine andere Interpretation gegenüber, die das Leasing lediglich als Vorgang in der Investitionssphäre ansieht (vgl. z. B. Wöhe, S. 362f).

Solange Verpflichtungen aus Leasing-Verträgen nicht bilanziert werden, läßt sich das Leasing zwar in der Tat dem am Bilanzkapital orientierten Finanzierungsbegriff nicht subsumieren (vgl. dazu Kap. I, Frage 19.). Es erscheint aber nicht sinnvoll, die Bejahung der Finanzierungseigenschaft von der jeweiligen Konvention des Bilanzausweises abhängig zu machen (vgl. dazu auch VI, Fragen 7. und 8.). Maßgeblich ist hier vielmehr die zeitliche Anordnung der Zahlungsströme.

7. Bislang hat in der Praxis die Auffassung überwogen, daß wegen fehlenden rechtlichen Eigentums ein Bilanzausweis des Leasing-Objektes (und einer entsprechenden Verbindlichkeit) beim Leasing-Nehmer zu unterbleiben habe.

8. Zu denken wäre u. a. an folgenden Vorschlag:
Der Leasing-Nehmer aktiviert das Leasing-Objekt (unter entsprechender Kennzeichnung als wirtschaftliches Eigentum) zu dem Wert, der den Anschaffungskosten bei einem Kauf entsprechen würde. Den Gegenwert passiviert er als Verbindlichkeit aus Leasing-Geschäften. Die laufenden Mietraten sind aufzuspalten in

a) einen Tilgungsanteil, der erfolgsunwirksam verbucht wird, und
b) einen Zinsanteil (Verzinsung gegenüber dem Leasing-Geber).
Der Zinsanteil ist ebenso erfolgswirksam wie die Abschreibungen auf das Leasing-Objekt, die nach dieser Regelung der Leasing-Nehmer verrechnet (vgl. dazu im einzelnen Havermann, S. 70ff).

Beispiel: (Zur Vereinfachung mit der Annahme, daß betriebsgewöhnliche Nutzungsdauer des Objekts und Laufzeit des Leasing-Vertrags übereinstimmen mögen; hier: fünf Jahre. Abschreibungen und Amortisation der Verbindlichkeit werden linear vorgenommen):

a) Aktivkto. "Leasingobjekt" (Anschaffungswert)		DM
	an "Verbindlichkeiten aus Leasinggeschäften"	50.000.--
b) bei jährlichen Mietbeträgen von DM 13.000.--:		
ba) Aufwandskto. "Leasingzinsen"		
	an "Kasse"	3.000.--
bb) "Verbindlichkeiten aus Leasinggeschäften"		
	an "Kasse"	10.000.--
c) Aufwandskto. "Abschreibungen"		
	an Aktivkto. "Leasingobjekt"	10.000.--

9. Das Urteil des BFH vom 26.1.1970 stellt zur steuerlichen Behandlung von Leasing-Geschäften fest:

"In den Fällen des sogenannten Finanzierungs-Leasing (financial lease) sind die Leasing-Gegenstände in der Regel dem Leasing-Nehmer zuzurechnen, wenn ihre betriebsgewöhnliche Nutzungsdauer erheblich länger ist als die Grundmietzeit und dem Leasing-Nehmer ein Recht auf Verlängerungs- oder Kaufoption zusteht, bei dessen Ausübung er nur einen einer Anerkennungsgebühr ähnelnden, wesentlich geringeren Betrag zu zahlen hat, als sich bei Berechnung des dann üblichen Mietzinses oder Kaufpreises ergeben würde.

Dasselbe gilt, und zwar hier ohne Rücksicht auf ein etwaiges Optionsrecht, wenn die Nutzungsdauer und die Grundmietzeit sich annähernd decken.

Dasselbe gilt ferner, hier ohne Rücksicht auf das Verhältnis von Grundmietzeit und Nutzungsdauer, wenn die Leasing-Gegenstände speziell auf die Verhältnisse des Leasing-Nehmers zugeschnitten sind und nach Ablauf der Grundmietzeit nur noch bei diesem eine wirtschaftlich sinnvolle Verwendung finden können."

Zur Art des Ausweises in der Steuerbilanz ist allerdings zu bemerken, daß hierfür ein Weg vorgeschlagen wird, der von dem zu Frage VI, 8 gebrachten Beispiel abweicht: Es wird versucht, den Wert einer Miet- bzw. Kaufoption zu ermitteln (= Wert des Anspruchs auf Weitermieten bzw. Kauf nach Ablauf der Grundmietzeit, und zwar zu relativ geringem Entgelt). Dieser Wert soll für die Aktivierung beim Leasing-Nehmer maßgebend sein.

10. a) Das Leasing führt i. d. R. zu folgender Bruttobelastung (bezogen auf den Anschaffungswert des betreffenden Leasing-Objektes)

aa) Einmalige Anzahlung oder Abschlußgebühr bis zu 10 %

ab) Laufende Monatsmieten, je nach Dauer der Grundmietzeit. Sie enthalten Amortisationsraten, Zinsen, sonstige dem Leasing-Geber entstandene Kosten sowie dessen Gewinnaufschlag. (Bei dreijähriger Grundmietzeit ca. 3, 5 % monatlich)

Das heißt, daß einschließlich der Abschlußgebühr bei drei Jahren Grundmietzeit insgesamt rund 135 % des Anschaffungswertes einer Anlage zu entrichten sind.

b) Um zur Nettobelastung zu gelangen, sind Steuerersparnisse (vor allem Minderung der Körperschaft- und Gewerbeertragsteuer) in die Vergleichsrechnung einzubeziehen.

c) Beim kreditfinanzierten Anlagenkauf setzt sich die Bruttobelastung vor allem aus den Fremdkapital-Zinsen und aus der Anlagenabschreibung zusammen (hinzu kommen außerdem noch gewisse Steuern, z. B. Vermögensteuer).

d) Die Nettobelastung ergibt sich beim kreditfinanzierten Anlagenkauf, wenn man berücksichtigt, daß Abschreibungen und Fremdkapitalzinsen bei bestimmten Steuerarten (z. B. Körperschaftsteuer) abzugsfähig sind.

Die jährlichen Nettobelastungen, die bei den besprochenen Alternativen jeweils entstehen, sind aus Vergleichsgründen auf einen einheitlichen Zeitpunkt auf- oder abzuzinsen. Selbst unter Berücksichtigung der Steuerersparnis, die nach dem Urteil des Bundesfinanzhofes vom 26. 1. 1970 übrigens nicht mehr in jedem Fall gewährleistet ist, fällt der Belastungsvergleich vielfach zu Ungunsten des Leasing aus (vgl. im einzelnen z. B. O. Fischer, S. 81ff und S. 102ff).

13. Ein Kreditgeber wird sich in der Regel über alle wichtigen vertraglichen Zahlungsverpflichtungen eines Kreditantragstellers informieren.

"Es wäre ... falsch, anzunehmen, daß ein typischer Mietfinanzvertrag von den Banken überhaupt nicht als Kreditaufnahme angesehen würde, weil diese Verbindlichkeit üblicherweise nicht bilanziert wird." Es ist sogar "die Verpflichtung aus einem drei- bis fünfjährigen Mietfinanzvertrag wirtschaftlich eher strenger zu beurteilen als die Verpflichtung aus einem mittelfristigen Kredit, denn im Konkursfalle ist die Mietfinanzgesellschaft günstiger gestellt als eine Bank, die sich des nicht unproblematischen Instruments der Sicherungsübereignung bedient hat." (1)

16. Im Rahmen des Factoring übernimmt ein Finanzierungsinstitut (der sog. Factor) folgende Funktionen:

a) Eine Dienstleistungsfunktion (Debitorenbuchhaltung, Mahnwesen, Inkasso der Forderungen für den Klienten)
b) Eine Finanzierungsfunktion: Üblicherweise werden die angekauften Forderungen des Klienten für die Zeit bis zum Zahlungseingang bevorschußt.
c) Erfolgt der Ankauf der Forderungen unter Übernahme des Ausfallrisikos durch den Factor, so übt der Factor zusätzlich eine Delkrederefunktion aus. Er hat dann grundsätzlich keine Rückgriffsmöglichkeit gegenüber dem Klienten.

17. Es handelt sich um eine Sonderform der Kreditfinanzierung (= Außenfinanzierung).

18. Besteht für den Factor keinerlei Möglichkeit der Rückbelastung uneinbringlicher Forderungen, so kann von einem Gläubiger-Schuldner-Verhältnis (Kreditverhältnis) nicht mehr gesprochen werden. Es liegt eine Mittelbeschaffung durch Veräußerung von Vermögensgütern außerhalb der betriebsüblichen Leistungsprozesse vor. (Zu deren Einordnung in den Themenkreis der Innenfinanzierung vgl. Frage I, 22. mit Lösungshinweis.)

---

(1) H. Floitgraf, Leasing von industriellen Anlagen als Finanzierungsproblem, in: Finanzierungs-Handbuch (Hrsg.: H. Janberg), 2. Aufl., Wiesbaden 1970, S. 500

19. a) Für die Ausübung der unter Umständen sehr weitreichenden Dienstleistungsfunktion ca. 0, 5 - 2, 5 % des über den Factor abgewickelten Umsatzes.

b) Für die Finanzierung: Zins etwa in Höhe der banküblichen Kontokorrentzinsen.

c) Bei Übernahme des Delkredere weitere 0, 5 - 1, 0 % des über den Factor abgewickelten Umsatzes.

21: b

22: c

23: d

24: c

VII. Selbstfinanzierung durch Zurückbehalten von Gewinnen

1. Lernzielbeschreibung

Nachdem Sie dieses Kapitel durchgearbeitet haben, sollen Sie

- die monetären Merkmale erläutern können, die für eine Beurteilung von Vorgängen der Innenfinanzierung wesentlich sind;
- die Begriffe "Selbstfinanzierung", "Selbstfinanzierungsgrad" und "Kapitalkosten" definieren können;
- den Unterschied zwischen "offener" und "stiller" Selbstfinanzierung darlegen können;
- auf die laut AktG bestehenden Möglichkeiten bzw. Pflichten zur offenen Selbstfinanzierung hinweisen können;
- die Vorgehensweise sowie die steuerlichen Aspekte bei der sog. Schütt aus - hol zurück - Politik beschreiben können;
- die finanzwirtschaftlichen Auswirkungen der Schütt aus - hol zurück - Politik mit denen der unmittelbaren Gewinnthesaurierung vergleichen können;
- Argumente für und wider die Selbstfinanzierung nennen können;
- allgemein wiedergeben können, was als Kriterium des optimalen Selbstfinanzierungsgrades gilt;
- die sog. Gewinnthese und die sog. Dividendenthese, die im Zusammenhang mit der Selbstfinanzierungspolitik aufgestellt worden sind, interpretieren können;
- die Überlegungen zum optimalen Selbstfinanzierungsgrad grafisch verdeutlichen können.

2. Literaturhinweise

Schwerpunktliteratur:

Bellinger, B. : Langfristige Finanzierung, Wiesbaden 1964, S. 86 - 93

Gutenberg, E. : Grundlagen der Betriebswirtschaftslehre, 3. Bd: Die Finanzen, 4. Aufl., Berlin-Heidelberg-New York 1970 S. 201, S. 227ff, insbesondere S. 242-260 (dort auch weitere Angaben deutschsprachiger und angelsächsischer Literatur)

Vormbaum, H. : Finanzierung der Betriebe, Wiesbaden 1964, S. 93 - 97, S. 99 - 103

Wöhe, G. : Einführung in die Allgemeine Betriebswirtschaftslehre, 10. Aufl., Berlin u. Frankfurt a.M. 1970, S. 413-423

Zur Vertiefung:

Fettel, J. : Die Selbstfinanzierung der Unternehmung, in: Finanzierungs-Handbuch (Hrsg.: H. Janberg), 2. Aufl., Wiesbaden 1970, S. 131ff

Sandig, C. : Finanzen und Finanzierung der Unternehmung Stuttgart 1968 (Sammlung Poeschel), S. 68-73

Schneider, D. : Investition und Finanzierung Köln u. Opladen 1970, S. 422ff, insbesondere S. 425ff und S. 436ff

3. Lernfragen

+1. Die Innenfinanzierung läßt sich generell als "Finanzierung über Umsatzerlöse" (oder als "Finanzierung aus Desinvestitionen") interpretieren. Erläutern Sie die monetären Gesichtspunkte, die für eine solche Kennzeichnung sprechen!

2. Definieren Sie, was - als Bestandteil der Innenfinanzierung - im engeren Sinne unter "Selbstfinanzierung" verstanden wird. (Vgl. an dieser Stelle die Fragen I, 22 und I, 23).

3. Unter welchem grundsätzlichen Aspekt werden "offene Selbstfinanzierung" und "stille Selbstfinanzierung" unterschieden?

4. Wie schlägt sich die offene Selbstfinanzierung bilanziell nieder?

5. Über welchen Entscheidungsspielraum zur offenen Selbstfinanzierung verfügt die Verwaltung (Vorstand und Aufsichtsrat) einer AG? (§ 58, 2 AktG)

6. Können Sie ein Beispiel dafür nennen, daß offene Selbstfinanzierung bis zu einem bestimmten Mindestumfang vom Gesetzgeber verlangt wird? (§ 150, 1 und § 150, 2 Ziff. 1 AktG)

7. Durch welche Maßnahmen kann eine sog. stille Selbstfinanzierung betrieben werden?

8. Nennen Sie Argumente, nach denen die stille Selbstfinanzierung (gegenüber der offenen Gewinnthesaurierung) für die Unternehmensleitung vorteilhaft erscheinen mag! (vgl. z. B. Wöhe, S. 414f)

9. Können Sie Beispiele dafür anführen, daß die stille Selbstfinanzierung seitens des Gesetzgebers bewußt gefördert worden ist? (vgl. z. B. Wöhe S. 420-423)

10. Welchen Zweck sehen Sie in derartigen Maßnahmen des Gesetzgebers?

+11. Der offen zurückzubehaltende Gewinn wird in der Jahresabschlußrechnung ermittelt. Untersuchen Sie kritisch, wie sich Bilanzausweis und konkrete Finanzwirkung zeitlich zueinander verhalten!

12. Eine AG schüttet den im Jahresabschluß ausgewiesenen Bilanzgewinn im Laufe des folgenden Geschäftsjahres an die Aktionäre aus. Inwiefern kann - obwohl keine dauerhafte Gewinnthesaurierung vorliegt - dennoch von einer temporären Selbstfinanzierung gesprochen werden?

13. Mit welchen unterschiedlichen Körperschaftsteuersätzen werden zurückbehaltene und ausgeschüttete Gewinne bei Kapitalgesellschaften belastet?

14. Was wird unter "Schütt aus - hol zurück - Politik" verstanden?

15. Vergleichen Sie steuerlich - möglichst unter Einbezug der Gewerbesteuer - folgende Alternative:

a) Volle Gewinnthesaurierung

b) Dividendenzahlung in Höhe des maximal ausschüttbaren Betrages, wobei die Gesellschafter ihre Gewinnanteile bei einer anschließenden Kapitalerhöhung wieder einzahlen (s. z. B. Wöhe, S. 416-429)

16. Beurteilen Sie die Durchführbarkeit der Schütt aus - hol zurück - Politik unter praktisch vorherrschenden Bedingungen!

17. Nennen Sie Argumente, nach denen die Selbstfinanzierung für ein Unternehmen vorteilhafter erscheint als die Aufnahme von Krediten!

18. Welche Argumente, die mitunter g e g e n die Selbstfinanzierung geäußert werden, sind Ihnen bekannt? Nehmen Sie dazu Stellung!

+19. Was wird in der neueren Finanzierungstheorie unter "Kapitalkosten" verstanden?

20. Ist die effektiv ausgeschüttete Dividendensumme (als absolute Größe) begrifflich mit den "Kapitalkosten" identisch?

21. Inwiefern vermag das Ausmaß der Selbstfinanzierung einer Publikums-AG deren künftige Kapitalkosten zu beeinflussen? (vgl. Gutenberg, S. 244-246)

+22. Wie ist in der Finanzierungstheorie der optimale Selbstfinanzierungsgrad definiert?

+23. Erklären Sie, welcher Gedankengang der "Gewinnthese" zugrunde liegt!

+24. Von welcher Voraussetzung geht im Gegensatz dazu die "Dividendenthese" aus?

25. Verdeutlichen Sie anhand einer Grafik die Aussagen zum optimalen Selbstfinanzierungsgrad, mit denen eine V e r b i n d u n g von Gewinn- und Dividendenthese versucht wird!

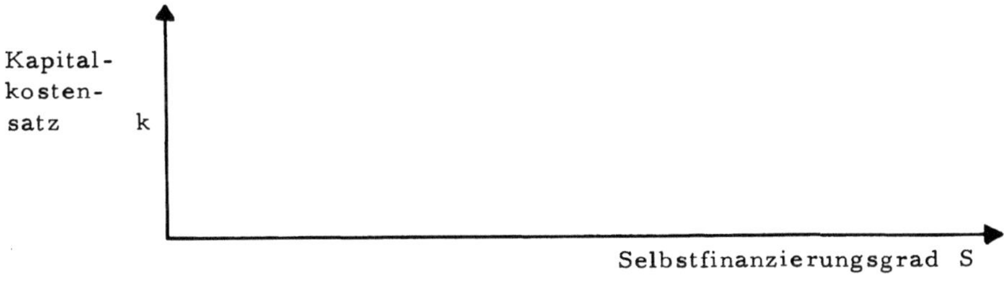

+26. Für welche zukunftsgerichteten Überlegungen ist der Zusammenhang von Selbstfinanzierungsgrad und "Kapitalkosten" relevant?

4. Kontrollfragen

27. Eine offene Selbstfinanzierung (im Sinne der Gewinnthesaurierung) zeigt sich in der Bilanz einer AG grundsätzlich als

a) Erhöhung des Grundkapitals
b) Erhöhung der langfristigen Rückstellungen
c) Abnahme der Wertberichtigungen
d) Zuführung zu den offenen Rücklagen

28. Vorstand und Aufsichtsrat einer AG können gemäß AktG von sich aus grundsätzlich in folgendem Umfang offene Selbstfinanzierung betreiben, wenn die gesetzliche Rücklage bereits die vorgeschriebene Mindesthöhe erreicht hat:

a) Einstellung des gesamten Jahresüberschusses in die freie Rücklage
b) Dotierung der freien Rücklage höchstens mit der Hälfte des erzielten Jahresüberschusses
c) Zuführung von 5 % des Jahresüberschusses in die freie Rücklage
d) Über die Verwendung des Jahresüberschusses hat stets allein die Hauptversammlung zu bestimmen

29. In welchem der nachstehenden Beispiele liegt eine stille Selbstfinanzierung vor? (Es wird angenommen, daß das Unternehmen im Jahresabschluß einen Bilanzgewinn ausweist)

a) Unterbewertung von Aktiva
b) Einlage eines stillen Gesellschafters
c) Verrechnung verbrauchsbedingter Abschreibungen
d) Zuschreibungen auf das Anlagevermögen

30. Wenn zum Bilanzstichtag die freien Rücklagen erhöht werden, so kann daraus geschlossen werden,

a) daß dem Unternehmen am Bilanzstichtag in entsprechender Höhe zusätzliche liquide Mittel zur Verfügung stehen
b) daß der betreffende Überschußbetrag während des Geschäftsjahres auf jeden Fall in liquider Form zugeflossen ist
c) daß in entsprechender Höhe eine Zurückbehaltung des in der G. u. V. -Rechnung ausgewiesenen Jahresüberschusses vorliegt
d) daß das Unternehmen ungewisse Verbindlichkeiten zu erfüllen hat

31. Als Schütt aus - hol zurück - Politik wird folgender Vorgang bezeichnet (AG als Beispiel):

a) Steuerzahlungen und anschließende Aufnahme staatlicher Darlehen
b) Kapitalherabsetzungen zur Tilgung von Verlusten und anschließende Kapitalerhöhung gegen Einlagen
c) Dividendenzahlung und anschließende Aufforderung an die Gesellschafter zur Zeichnung junger Aktien (Kapitalerhöhung gegen Bareinlagen)
d) die Gesellschaft kauft eigene Aktien an der Börse

32. Der Begriff "Kapitalkosten" findet in der neueren Finanzierungstheorie Verwendung

a) für die Verzinsung des betriebsnotwendigen Kapitals zum landesüblichen Zinsfuß
b) für sämtliche einmaligen Aufwendungen, die bei einer Erhöhung des Aktienkapitals entstehen
c) zur Kennzeichnung der Renditevorstellungen, die die Kapitalgeber gegenüber dem Unternehmen geltend machen (geforderte Effektivverzinsung)
d) als synonyme Bezeichnung für die Abschreibung auf Sachanlagen

5. Lösungshinweise für das siebte Kapitel

1. Für das Zustandekommen eines Finanzierungseffektes "aus eigener Kraft" (Innenfinanzierung) sind folgende Sachverhalte bedeutsam:

a) Aus betriebsüblichen oder auch aus außergewöhnlichen Umsatzprozessen fließen dem Betrieb in der Betrachtungsperiode liquide Mittel zu.

b) Soweit diesem Mittelzufluß in der Periode kein auszahlungswirksamer Aufwand gegenübersteht, ergibt sich ein finanzwirtschaftlicher Überschuß (der vom erfolgswirtschaftlichen Überschuß, also vom ausgewiesenen Gewinn, zu unterscheiden ist).

Dieser ex post als Gesamtsumme ermittelte finanzwirtschaftliche Überschuß entsteht in Wirklichkeit sukzessive im Ablauf der Periode und kann grundsätzlich - ebenso sukzessive - für Investitionen bzw. Schuldentilgungen verwendet werden.

Obwohl die Innenfinanzierung - im Anschluß an Bewertungsmaßnahmen zum Bilanzstichtag - vielfach in Selbstfinanzierung (= Thesaurieren von Gewinnen), Finanzierung "durch" Abschreibungen und Finanzierung "durch" Rückstellungen eingeteilt wird, ist in erster Linie die Prämisse des Zahlungsmittelzuflusses hervorzuheben (Vgl. dazu noch die Frage VII, 11. mit Lösungshinweis).

11. Wie schon unter VII, 1. angedeutet, verteilt sich der Zahlungsmittelzufluß aus Umsatzerlösen über die gesamte Dauer eines Rechnungszeitraumes. Die Zahlungsmittel sind von ihren Eingangsterminen an für zusätzliche Investitionen verfügbar, soweit ihnen keine laufenden Auszahlungen im Rahmen der bisherigen Betriebsprozesse gegenüberstehen.

Der Gewinnausweis zum Jahresende stellt in finanzwirtschaftlicher Sicht also lediglich das nachträgliche Konstatieren eines Teils der stattgefundenen Innenfinanzierung dar. Es ist dabei außerdem zu untersuchen, inwieweit dieser rechnerische Gewinn Ertragsposten beinhaltet, die im Referenzzeitraum überhaupt nicht einzahlungswirksam gewesen sind (z. B. Bestandszunahmen an Fertigfabrikaten).

Erfolgsrechnerischer und finanzwirtschaftlicher Überschuß können u. a. unter diesem Aspekt divergieren.

Die Entscheidung, einen ausgewiesenen Gewinn dauerhaft zurückzubehalten, ist ein gesonderter - allerdings sehr wichtiger - finanzwirtschaftlicher Akt, der sich an die oben beschriebenen Zahlungsmitteleingänge anschließt. Es wird hierbei im Grunde über künftige Auszahlungen (bzw. deren Vermeiden) bestimmt, - nicht über die Mittelbeschaffung im Sinne von Einzahlungen.

19. Der Begriff "Kapitalkosten", der aus der angelsächsischen Literatur übernommen worden ist, darf nicht mit Kostengrößen der Betriebsabrechnung (d.h. mit dem in Geldeinheiten bewerteten, betrieblich bedingten Güterverbrauch) verwechselt werden. Unter "Kapitalkosten" wird vielmehr die von den Kapitalgebern verlangte Effektivverzinsung verstanden.

"Diejenige Ertragsrate, die die Kapitalgeber für die Überlassung ihres Kapitals glauben verlangen zu sollen (required rate of profit), stellen für die Unternehmen Kosten des aufzunehmenden Kapitals dar. Insofern sind die Kapitalkosten ein Kapitalmarktdatum." (Gutenberg, S. 201)

M. a. W.: Bei gegebenem Gewinn einer AG bedeutet eine sinkende Tendenz der Aktienkurse, die durch überwiegende Verkäufe an der Börse ausgelöst wird, ein Steigen der sog. Kapitalkosten.

22. Als optimaler Selbstfinanzierungsgrad gilt definitorisch dasjenige Verhältnis zwischen Gewinneinbehaltung und erzieltem Gesamtgewinn, bei dem die Kapitalkosten - verglichen mit anderen Einbehaltungsalternativen - am niedrigsten sind.

In der jeweils verlangten Mindest-Rendite kommt u. a. auch zum Ausdruck, welches Anlagerisiko die Anteilseigner bei unterschiedlichen Selbstfinanzierungsgraden empfinden.

23. Die sog. Gewinnthese beinhaltet die Behauptung, daß für das Niveau der Aktienkurse die erzielten Gewinne insgesamt - nicht aber die anteilige Gewinneinbehaltung bzw. Gewinnausschüttung - maßgebend sei.

24. Die sog. Dividendenthese besagt, daß nicht der Gesamtgewinn, sondern die Höhe der Dividendenausschüttung das Kursniveau der Aktien bestimme.

Es wird dabei von der Annahme ausgegangen, daß die Anteilseigner einen heute verfügbaren Barbetrag (Dividende) höher einschätzen als ungewisse künftige Aktien-Kursgewinne, wie sie aus Wertsteigerungen aufgrund der Selbstfinanzierung resultieren könnten.

26. Die von den Anlegern verlangte Mindestrendite ist ein wichtiges Datum, wenn es um die Festlegung des Emissionskurses neuer Aktien geht. Insofern besteht ein Zusammenhang zwischen bisheriger Selbstfinanzierungspolitik, Kapitalkosten und künftig möglicher Emissionspolitik.

27: d

28: b

29: a

30: c

31: c

32: c

VIII. Die finanzwirtschaftlichen Konsequenzen von Abschreibungen

1. Lernzielbeschreibung

Nachdem Sie dieses Kapitel durchgearbeitet haben, sollen Sie

- die Prämissen angeben können, unter denen das Verrechnen von Abschreibungen für die Innenfinanzierung relevant ist;
- kritisch beurteilen können, welche Bedeutung den bilanziellen Abschreibungen einerseits und den kalkulatorischen Abschreibungen andererseits unter finanzwirtschaftlichen Aspekten zukommt;
- die Voraussetzungen darlegen können, unter denen im Zusammenhang mit Abschreibungen von "Selbstfinanzierung" gesprochen werden kann;
- den Einfluß des Abschreibungsverfahrens auf die Höhe der finanzwirtschaftlichen Wirkung angeben können;
- die Begriffe "Kapitalfreisetzung" sowie "Total- und Periodenkapazität" definieren können;
- ein einfaches Modell für den in Verbindung mit Abschreibungen möglichen Kapazitätserweiterungseffekt wiedergeben können;
- Bedingungen der Realität nennen können, die die erreichbare Kapazitätsausweitung - verglichen mit dem Modell - einschränken.

2. Literaturhinweise

Schwerpunktliteratur:

Langen, H. : Finanzierung von Investitionen aus Abschreibungen, in: Finanzierungs-Handbuch (Hrsg.: H. Janberg), 2. Aufl., Wiesbaden 1970, S. 347-368

Sandig, C. : Finanzen und Finanzierung der Unternehmung, Stuttgart 1968 (Sammlung Poeschel), S. 61-67

Wöhe, G. : Einführung in die Allgemeine Betriebswirtschaftslehre, 10. Aufl., Berlin und Frankfurt a.M. 1970, S. 423-429

Zur Vertiefung:

Hax, K. : Langfristige Finanz- und Investitionsentscheidungen, in: Handbuch der Wirtschaftswissenschaften (Hrsg.: K. Hax und Th. Wessels), Bd. 1: Betriebswirtschaft, 2. Aufl., Köln u. Opladen 1966, S. 455-459

Lohmann, M. : Einführung in die Betriebswirtschaftslehre, 4. Aufl., Tübingen 1964, S. 187f

Ruchti, H. : Die Abschreibung, ihre grundsätzliche Bedeutung als Aufwandsfaktor, Ertragsfaktor, Finanzierungsfaktor, Stuttgart 1953

3. Lernfragen

+1. Unter welchen Prämissen kommt dem Verrechnen von Abschreibungen eine finanzwirtschaftliche Bedeutung zu?

2. Wie wirkt sich dabei die Wahl des Abschreibungsverfahrens aus (z. B. lineare oder degressive Abschreibung in der Bilanz)?

3. Welche Rolle spielen in diesem Zusammenhang die kalkulatorischen Abschreibungen? (vgl. u. a. Sandig, S. 63ff)

+4. Führt das Verrechnen bilanzieller Abschreibungen generell zu einer stillen Selbstfinanzierung (im Sinne stiller Gewinnthesaurierung)?

5. Schließt ein am Bilanzkapital orientierter Finanzierungsbegriff (i. S. von "Finanzierung = Beschaffung zusätzlichen Kapitals") die abschreibungsbedingten Finanzierungseffekte ein?

+6. Was ist mit dem in der Literatur häufig verwendeten Ausdruck "Kapitalfreisetzung" gemeint?

7. Worin besteht der sog. Lohmann-Ruchti-Effekt, und wie kommt er grundsätzlich zustande?

+8. Wer hat den in Frage 7. angesprochenen Kapazitätserweiterungseffekt sinngemäß wohl erstmals beschrieben?

9. Vergleichen Sie anhand eines einfachen Zahlenbeispiels das Ausmaß des erreichbaren Effektes in Abhängigkeit vom Abschreibungsverfahren!

10. Kommt es beim Leasing zu kapazitätserweiternden Wirkungen im Sinne des sog. Lohmann-Ruchti-Effekts?

11. Setzt der Kapazitätserweiterungseffekt als notwendige Bedingung das Erwirtschaften von Gewinnen voraus?

+12. Definieren Sie die Begriffe "Totalkapazität" und "Periodenkapazität", bezogen auf ein einzelnes Anlagegut bzw. einen gesamten Anlagenbestand!

13. Wie wirken sich laufende Reinvestitionen von Abschreibungsgegenwerten auf das Verhältnis von Total- und Periodenkapazität eines gesamten Anlagenbestandes aus?

14. Welche Gegebenheiten schränken in der Realität - verglichen mit den Modellbedingungen - das Ausmaß des erreichbaren Kapazitätserweiterungseffektes ein?

4. Kontrollfragen

15. Ein Finanzierungseffekt im Zusammenhang mit Abschreibungen tritt in der betreffenden Rechnungsperiode nur ein,

a) wenn der Abschreibungsbetrag höher ist als die tatsächliche Anlagenabnutzung im Rechnungszeitraum
b) wenn die kalkulatorische Abschreibung höher ist als die bilanzielle Abschreibung
c) wenn die Unternehmung im Umsatzerlös nicht nur die Abschreibungsgegenwerte, sondern auch Gewinne erwirtschaftet
d) wenn die in der Periode verrechneten Abschreibungen durch einzahlungswirksame Erträge gedeckt sind

16. Zwischen der Finanzwirkung von Abschreibungen und der Selbstfinanzierung (Gewinnthesaurierung) besteht folgender Zusammenhang

a) Abschreibungen führen, sofern sie durch Umsatzerlöse gedeckt sind, stets zu einer stillen Selbstfinanzierung
b) der Vorgang ist zur Selbstfinanzierung zu rechnen, wenn die kalkulatorischen Abschreibungen pro Periode höher sind als die bilanziellen
c) stille Selbstfinanzierung liegt in einer Periode insoweit vor, wie die verrechneten und "verdienten" Bilanzabschreibungen den verbrauchsbedingten Abschreibungsbetrag übersteigen
d) in Höhe des Betrages, um den der Tageswert einer Anlage ihren Buchwert übersteigt, kommt es zu einer stillen Selbstfinanzierung

17. Eine Kapazitätserweiterung im Sinne des Lohmann-Ruchti-Effekts kann nicht zustande kommen bei

a) Unternehmungen, die keinen Gewinn ausweisen
b) Unternehmungen, die freigesetzte Abschreibungsgegenwerte zur Schuldentilgung verwenden
c) Unternehmungen, die aus Abschreibungsgegenwerten die Anschaffung nicht abnutzbarer Gegenstände des Anlagevermögens finanzieren
d) Unternehmungen, die keine Sonderabschreibungen geltend machen können

18. Kann Ihrer Ansicht nach auch das Leasing zu einem sog. Lohmann-Ruchti-Effekt (beim Leasing-Nehmer) führen?

a) Nein, denn dem verrechneten Miet-Aufwand entsprechen Auszahlungen in derselben Periode

b) Ja, denn in den Mietraten sind auch beim Leasing Abschreibungsbeträge kalkuliert

c) Nein, denn beim Leasing-Nehmer ist keine Unterbewertung des Anlagenbestandes möglich

d) Ja, denn Teile des mit Leasing-Objekten erwirtschafteten Umsatzerlöses können für Anlageinvestitionen verwendet werden

19. Zwischen der Totalkapazität und der Periodenkapazität eines gesamten Anlagenbestandes kann sich bei laufender Reinvestition der liquide zugeflossenen Abschreibungsgegenwerte folgende Beziehung ergeben:

a) die Periodenkapazität nimmt bei gleichbleibender Totalkapazität zu

b) die Periodenkapazität bleibt konstant, die Totalkapazität nimmt zu

c) die Totalkapazität nimmt relativ stärker zu als die Periodenkapazität

d) bei abnehmender Periodenkapazität nimmt die Totalkapazität zu

20. Was versteht man in der Literatur unter "Kapitalfreisetzung" ?

a) Fremdkapital wird durch Eigenkapital abgelöst

b) in der Unternehmung wird Eigenkapital durch Thesaurieren von Gewinnen gebildet

c) bisher gebundene Finanzmittel werden nach einem Desinvestitionsvorgang nicht unmittelbar für dieselbe Bindung wieder benötigt

d) es erfolgt eine Rückzahlung früherer Einlagen an die Anteilseigner

5. Lösungshinweise für das achte Kapitel

1. Nicht der buchtechnische Abschreibungsvorgang als solcher schafft einen Finanzierungseffekt. Entscheidend sind vielmehr die beiden folgenden Punkte:

   a) Die Umsatzerlöse (sowie außergewöhnliche Desinvestitionserträge) müssen außer allen sonstigen Aufwendungen auch die verrechneten bilanziellen Abschreibungen (= Aufwand, aber nicht Auszahlung in der Periode) abdecken.

   b) die genannten Ertragsgrößen müssen außerdem, um finanzwirtschaftlich relevant zu sein, im Rechnungszeitraum auch zu Einzahlungen geführt haben.

   Primär handelt es sich also im Zusammenhang mit Abschreibungen um eine Finanzierung über den Umsatzerlös. Der Abschreibungsaufwand übt allerdings noch eine zusätzliche finanzwirtschaftliche Wirkung aus, soweit dadurch Auszahlungen für Steuern und Gewinnausschüttungen vermieden werden, so daß der erzielte Finanzüberschuß vorerst auch im Unternehmen verbleiben kann.

4. Beachten Sie dazu die allgemeine Feststellung, daß von stiller Selbstfinanzierung nur insoweit gesprochen werden kann, wie der verrechnete (und durch einzahlungswirksame Erträge gedeckte) Aufwand die tatsächliche Wertminderung in der Periode übersteigt.

6. Hinweis zur Diskussion: Konkret freigesetzt werden liquide Mittel aus ihrer bisherigen Zweckbindung.

8. Karl Marx in einem Briefwechsel mit Friedrich Engels. (1867; abgedruckt in: Zeitschrift für handelswissenschaftliche Forschung, 10. Jg. (1958), S. 222ff).

   Eingehende Beispiele finden sich dann später auch bei N. J. Polak: Grundzüge der Finanzierung mit Rücksicht auf die Kreditdauer, Berlin und Wien 1926.

12. Die Totalkapazität einer oder mehrerer Anlagen bezeichnet deren Leistungspotential während ihrer gesamten künftigen Nutzungszeit.

    Die Periodenkapazität gibt dieses Leistungspotential mit Bezug auf eine bestimmte Periode (z. B. Rechnungsjahr) an.

Unter bestimmten Annahmen läßt sich der Abschreibungsbetrag pro Periode als Maßstab der Periodenkapazität und die insgesamt noch auf alle kommenden Nutzungsjahre zu verteilende Abschreibungssumme als Maßstab der Totalkapazität verwenden (vgl. z. B. Langen, S. 351ff).

15: d

16: c

17: b

18: a

19: a

20: c

IX. Die finanzwirtschaftliche Relevanz von Rückstellungen

1. Lernzielbeschreibung

Nachdem Sie dieses Kapitel durchgearbeitet haben, sollen Sie

- aufzeigen können, unter welchen Prämissen Rückstellungen zur Innenfinanzierung beitragen;
- die finanzwirtschaftliche Wirkung danach differenzieren können, ob das Unternehmen nach dem Dotieren der Rückstellungen einen Gewinn oder einen Verlust ausweist (bzw. ob ein Verlust auch bereits unabhängig von dem Rückstellungsposten vorliegt);
- beschreiben können, wie Gewinn- und Steuer-Auszahlungen durch Rückstellungen beeinflußt werden ;
- die grundsätzlichen Verfahren zur Einrichtung einer betrieblichen Altersversorgung im Überblick nennen können;
- die finanzwirtschaftlichen Auswirkungen dieser Verfahren beschreiben können;
- insbesondere darlegen können, warum bei Pensionsrückstellungen in günstigen Fällen ein langfristiger Finanzierungseffekt entsteht;
- schaubildlich darstellen können, wie sich das Verhältnis zwischen jährlicher Neuzuführung zu Pensionsrückstellungen und laufenden Pensionszahlungen finanzwirtschaftlich auswirkt;
- den zusätzlichen finanzwirtschaftlichen Effekt erläutern können, der durch das Verrechnen von Rückstellungsaufwand (statt entsprechend höheren Gewinnausweises) bewirkt wird, wenn das Unternehmen seine ausgewiesenen Gewinne üblicherweise voll thesauriert bzw. vollständig ausschüttet.

2. Literaturhinweise

Schwerpunktliteratur:

Sandig, C. : Finanzen und Finanzierung der Unternehmung, Stuttgart 1968 (Sammlung Poeschel), S. 77-80

Weihrauch, H. : Finanzierungseffekt der Rückstellungen, insbesondere der Pensionsrückstellungen, in: Finanzierungs- Handbuch

(Hrsg. : H. Janberg), 2. Aufl., Wiesbaden 1970, S. 319-345

Wöhe, G. : Einführung in die Allgemeine Betriebswirtschaftslehre, 10. Aufl., Berlin u. Frankfurt a. M. 1970, S. 429-435

Zur Vertiefung:

Weihrauch, H. : Pensionsrückstellungen als Mittel der Finanzierung, Stuttgart 1962

3. Lernfragen

1. Für welche Zwecke sieht das AktG die Bildung von Rückstellungen vor? (vgl. § 152, 7 AktG)

2. Sind Rückstellungen dem Eigen- oder dem Fremdkapital zuzurechnen?

3. Unter welchen Prämissen sind Rückstellungen für die Innenfinanzierung bedeutsam? (vgl. analog Frage VIII, 1).

4. Wie wirkt es sich finanzwirtschaftlich aus, wenn eine Rückstellung aufzulösen ist, da der Anlaß für ihre Bildung (z. B. drohender Verlust aus einem schwebenden Geschäft) entfällt?

5. Bedeutet das Dotieren von Rückstellungen generell eine stille Selbstfinanzierung? (vgl. auch Frage VIII, 4)

6. Setzt der im Zusammenhang mit Rückstellungen entstehende Finanzierungseffekt das Erwirtschaften von Gewinnen voraus?

+7. Liegt auch eine Finanzierungswirkung vor, wenn auf Grund des Aufwands für Rückstellungen ein Periodenverlust entsteht?

8. Kommen Sie zu genau denselben Aussagen wie bei Frage 7., wenn ein Periodenverlust auch schon ohne die Zuführung zu den Rückstellungen vorliegt?

9. Sind Rückstellungen, die schon nach kurzer Frist eine entsprechende Auszahlung nach sich ziehen (z. B. bei einer Prozeßrückstellung), für die Innenfinanzierung irrelevant?

10. Welche Gegebenheiten schaffen bei Pensionsrückstellungen in der Regel einen langfristigen Finanzierungseffekt?

+11. Welche Möglichkeiten stehen einer Unternehmung, die für ihre Mitarbeiter eine betriebliche Altersversorgung vorsieht, grundsätzlich offen?

+12. Erscheinen Ihnen aus finanzwirtschaftlicher Sicht Pensionsrückstellungen oder besondere Pensions- bzw. Unterstützungskassen günstiger für die Unternehmung?

+13. Vergleichen Sie die finanzwirtschaftlichen Auswirkungen des Umlageverfahrens, des Kapitaldeckungsverfahrens und des Anwartschaftsdeckungsverfahrens!

14. Welche Bedeutung kommt finanzwirtschaftlich dem Rechnungszinsfuß zu, der bei Pensionsrückstellungen zum Ermitteln von Gegenwartswerten anzusetzen ist?

+15. Stellen Sie schaubildlich dar, wie sich das Verhältnis zwischen Neuzuführungen zur Pensionsrückstellung (Aufwand) und laufenden Pensions-Zahlungen auf die Innenfinanzierung auswirkt!

16. Wie beeinflußt die Vornahme von Rückstellungen ganz grundsätzlich die betrieblichen Zahlungsströme?

17. Beurteilen Sie, welche zusätzliche finanzwirtschaftliche Wirkung durch das Bilden von Pensionsrückstellungen (statt entsprechend höheren Gewinnausweises) ausgelöst wird, wenn davon ausgegangen werden kann, daß das Unternehmen seinen ausgewiesenen (und versteuerten) Gewinn stets voll thesauriert!

18. Nehmen Sie zu der unter 17. aufgeworfenen Frage unter der Annahme Stellung, daß das Unternehmen seinen ausgewiesenen (und versteuerten) Gewinn stets vollständig ausschüttet!

4. Kontrollfragen

19. Eine Unternehmung hat in der Rechnungsperiode Umsatzerlöse und sonstige Erträge in Höhe von DM 2 Mio. erzielt, wovon DM 1,8 Mio. bereits als Einzahlungen eingegangen sind. Die Aufwandsposten betragen insgesamt DM 1,85 Mio., davon Zuführung zu Rückstellungen DM 70.000.--. Welcher Betrag ist als "finanzwirtschaftlicher Überschuß" (Innenfinanzierung) dieser Periode im Zusammenhang mit Rückstellungen anzusehen? (Ohne Berücksichtigung von Steuerersparnissen und unter der Prämisse, daß der gesamte Aufwand - mit Ausnahme des Rückstellungsbetrages - auszahlungswirksam gewesen ist!)

a) 70.000 DM
b) 200.000 DM
c) 20.000 DM
d) 150.000 DM

20. Eine Finanzierungswirkung von Rückstellungen entsteht,

a) da in der Bilanz ein Kapitalposten (nämlich "Rückstellungen") erhöht wird
b) da das Bilden von Rückstellungen stets eine stille Gewinnthesaurierung bedeutet
c) sofern die Rückstellungen langfristigen Charakter haben
d) falls in der Rechnungsperiode die Zuführung zu Rückstellungen (Aufwand, aber nicht Auszahlung) durch einzahlungswirksame Erträge gedeckt ist.

21. Welche der folgenden Vorkehrungen für die betriebliche Altersversorgung vermag am wirkungsvollsten zur Innenfinanzierung beizutragen?

a) Rückstellungen nach dem Anwartschaftsdeckungsverfahren
b) Einmalrückstellungen nach dem Kapitaldeckungsverfahren
c) Zuwendungen an eine Pensionskasse
d) Beiträge an ein Versicherungsunternehmen im Rahmen einer Direktversicherung

22. Beim Bilanzieren von Pensionsrückstellungen ist zur Ermittlung des Gegenwartswertes (d.h. zum Diskontieren) ein Rechnungszinsfuß anzusetzen. Welche der folgenden Aussagen gilt?

a) je höher der Rechnungszinsfuß, desto größer die erzielbare Innenfinanzierung
b) je niedriger der Rechnungszinsfuß, desto größer die erzielbare Innenfinanzierung
c) je höher der Rechnungszinsfuß, desto größer die stille Gewinnthesaurierung
d) der Rechnungszinsfuß spielt für die Finanzwirkung keine Rolle

23. Eine Unternehmung hat seit mehreren Jahren Pensionsrückstellungen gebildet und dadurch verstärkt Innenfinanzierung betreiben können. Der bis dahin insgesamt entstandene "finanzwirtschaftliche Überschuß" (kumuliert betrachtet) wird in seinem absoluten Betrag abnehmen,

a) wenn künftig nur noch geringere Zuführungen zu den Rückstellungen möglich sind
b) wenn die Unternehmung in Zukunft geringere Gewinne als zuvor erwirtschaftet

c) wenn künftig die Rentenauszahlungen pro Jahr den Jahresaufwand für neue Pensionsrückstellungen übersteigen

d) wenn im nächsten Jahr mit Rentenauszahlungen begonnen wird

5. Lösungshinweise für das neunte Kapitel

7. Unter den in IX, 3. angesprochenen Prämissen liegt selbst bei einem Verlustausweis Innenfinanzierung in Höhe des Betrages vor, der sich ohne den für Pensionsrückstellungen verrechneten Aufwand als Gewinn ergeben hätte. (vgl. ein Zahlenbeispiel bei Wöhe, S. 433).

Beachten Sie bei dieser wie auch bei der nächsten Frage die finanzwirtschaftliche Wirkung, die durch das Vortragen eines Verlustes in nachfolgenden Jahren entstehen kann (nämlich durch Steuerersparnis beim Aufrechnen des Verlustvortrages gegen spätere Gewinne!)

11. Möglichkeiten der Altersversorgung für Mitarbeiter einer Unternehmung:

1. Direktversicherung bei einem Versicherungsunternehmen
2. Zuweisungen an Pensionskassen
3. Zuweisungen an Unterstützungskassen
4. unmittelbare betriebliche Ruhegeldverpflichtungen

Zu 1. Es erfolgen zugunsten der Arbeitnehmer Prämienzahlungen an einen völlig selbständigen Versorgungsträger.

Zu 2. Pensionskassen sind rechtlich selbständige (aber betriebs-, konzern- oder branchengebundene) Einrichtungen. Für einen bestimmten Personenkreis gewähren sie einen satzungsmäßig festgelegten Rechtsanspruch auf Altersversorgung. Sie unterliegen der staatlichen Versicherungsaufsicht.

Zu 3. Unterstützungskassen sind ebenfalls (betriebs-, konzern- oder branchengebundene) selbständige Einrichtungen, die aber dem Begünstigten keinen festen Rechtsanspruch einräumen. Für sie besteht keine staatliche Versicherungsaufsicht.

Zu 4. Der unmittelbaren betrieblichen Ruhegeldverpflichtung kann Rechnung getragen werden:

a) durch das sog. Umlageverfahren (deckungsloses Zahlungsverfahren): Aufwand wird - ohne vorheriges Bilden von Rückstellungen - jeweils in Höhe der fälligen Rentenzahlungen verrechnet.

b) durch Pensionsrückstellungen (Ruhegeldrückstellungen)

ba) nach dem <u>Kapitaldeckungsverfahren</u> (Einmalrückstellung bei Eintritt des Versorgungsfalles)

bb) nach dem <u>Anwartschaftsdeckungsverfahren:</u>
Die Rückstellung wird sukzessive im Zeitraum zwischen Ruhegeldzusage und Eintritt des Versorgungsfalles gebildet.

12. Zur Beantwortung dieser Frage ist zu beachten, daß das Dotieren von Pensionsrückstellungen - solange noch keine fälligen Versorgungsansprüche vorliegen - nicht mit Auszahlungen verbunden ist.

An Pensions- bzw. Unterstützungskassen sind hingegen finanzielle Zuweisungen zu leisten (Zahlungsmittelabfluß), die dann höchstens durch Darlehensvereinbarungen wieder im Unternehmen angelegt werden können. (Die Pensionskassen unterliegen diesbezüglich allerdings gesetzlichen Beschränkungen).

13. Beim Umlageverfahren entsteht - anders als im Falle der Rückstellung - kein finanzwirtschaftlicher Überschußeffekt, da dem verrechneten Aufwand laufende Auszahlungen entsprechen. Soweit Rückstellungen gebildet werden, ist die Finanzwirkung beim Anwartschaftsdeckungsverfahren günstiger als beim Kapitaldeckungsverfahren, da bei letzterem nur eine relativ geringe Zeitspanne zwischen dem Termin der Aufwandsverrechnung und den effektiven Versorgungszahlungen vorliegt.

15. Zur vereinfachten Darstellung:

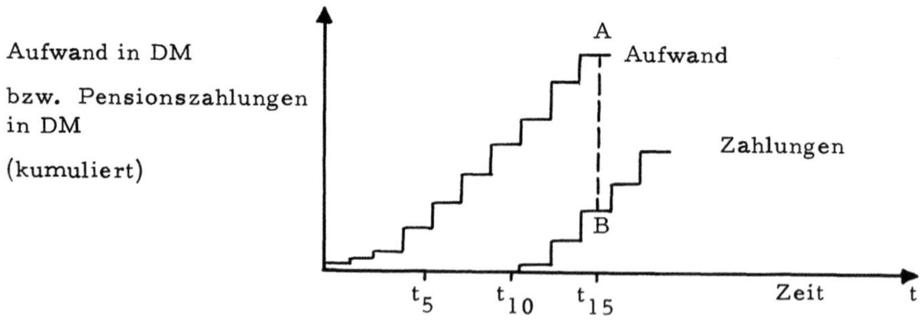

Die Strecke AB stellt in kumulierender Betrachtungsweise den aus Innenfinanzierung stammenden Betrag dar, der bis zum Zeitpunkt t_{15} trotz Versorgungszahlungen im Unternehmen gebunden geblieben ist (Prämisse: Der verrechnete Rückstellungsaufwand ist stets durch einzahlungswirksame Erträge gedeckt gewesen.)

19: c (Erläuterung: Einzahlungswirksamer Ertrag minus auszahlungswirksamer Aufwand = 1,80 Mio. minus 1,78 Mio. = 20.000.-- DM)

20: d

21: a

22: b

23: c

X. Die Aussagekraft von Cash Flow - Analysen

1. Lernzielbeschreibung

Nachdem Sie dieses Kapitel durchgearbeitet haben, sollen Sie

- die Größen nennen können, die üblicherweise zum sog. Cash Flow zusammengefaßt werden;
- begründen können, warum der ausgewiesene Bilanzgewinn kein hinreichender Maßstab für die stattgefundene Innenfinanzierung sein kann;
- aufzeigen können, welcher Korrekturen die herkömmliche Cash Flow - Formel bedarf, um Aussagen über die Innenfinanzierung zu gestatten;
- beurteilen können, ob der Cash Flow die "Ertragskraft" eines Unternehmens widerspiegelt;
- den grundsätzlichen Aufbau einer Bewegungsbilanz schematisch darstellen können;
- feststellen können, inwieweit die erfolgte Innenfinanzierung in einer Bewegungsbilanz zum Ausdruck kommt;
- erläutern können, wieso die Bewegungsbilanz im Vergleich zur Cash Flow - Analyse das umfassendere Beurteilungsinstrument ist.

2. Literaturhinweise

Schwerpunktliteratur:

Köhler, R.	: Ermittlungsziele und Aussagefähigkeit von Cash Flow-Analysen; in: Die Wirtschaftsprüfung, 23. Jg. (1970), H. 14, S. 385ff
Sandig, C.	: Finanzen und Finanzierung der Unternehmung, Stuttgart 1968 (Sammlung Poeschel), S. 80-83
Wöhe, G.	: Einführung in die Allgemeine Betriebswirtschaftslehre, 10. Aufl., Berlin u. Frankfurt a. M. 1970, S. 598-600

Zur Vertiefung:

Büschgen, H. E.	: Wertpapieranalyse, Stuttgart 1966, S. 166ff

Flohr, G. : Die cash-flow-Analyse, in: Der Betrieb 17. Jg (1964), S. 705ff

Flohr, G. : Die Zeitraumbilanz, Berlin 1963, insbes. S. 53-56

Leffson, U. : : Cash Flow - weder Erfolgs- noch Finanzierungsindikator!, in: Aktuelle Fragen der Unternehmensfinanzierung und Unternehmensbewertung (Hrsg. : K. H. Forster u. P. Schuhmacher) Stuttgart 1970, S. 108-127

3. Lernfragen

+1. Welche aus dem Jahresabschluß ersichtlichen Größen werden üblicherweise zum sog. Cash Flow zusammengefaßt?

2. Warum gibt der Ausweis allein des Bilanzgewinns bzw. des aktienrechtlichen Jahresüberschusses noch keinen ausreichenden Aufschluß über die Innenfinanzierung?

+3. Erläutern Sie, ob der Cash Flow (dem Grundgedanken nach) mehr über die Innenfinanzierung auszusagen vermag als der Bilanzgewinn!

+4. Gehen Sie davon aus, daß der Cash Flow den finanzwirtschaftlichen Überschuß einer Periode darstellen soll, wie er im Rahmen der erfolgswirksam verrechneten betrieblichen Vorgänge entstanden ist ("net cash flow from operations"). Nehmen Sie dazu Stellung, inwieweit die übliche Cash Flow-Formel diesem Ermittlungszweck gerecht wird!

5. Können Sie Aufwandsposten nennen, die in der Rechnungsperiode nicht auszahlungswirksam gewesen sind, aber dennoch in der üblichen Cash-Flow-Formel unberücksichtigt bleiben?

+6. Welche nicht einzahlungswirksamen Ertragsposten einer Periode wären vom Bilanzgewinn zu subtrahieren, um einen aussagefähigen Cash Flow (i. S. von Frage 2.) zu ermitteln?

+7. Diskutieren Sie, ob ein Bilanzgewinn, der wenige Monate nach dem Bilanzstichtag als Dividende ausbezahlt werden soll, unter dem Aspekt der Innenfinanzierung in den Cash Flow einzurechnen ist!

+8. Sagt der Cash Flow etwas über die Zahlungsfähigkeit einer Unternehmung aus?

+9. Nehmen Sie zu der These Stellung, der Cash Flow informiere über die wahre "E r t r a g s k r a f t" e i ner Unternehmung!

10. Skizzieren Sie den grundsätzlichen Aufbau einer Bewegungsbilanz (Zeitraumbilanz)!

11. Was kann eine Bewegungsbilanz über die Innenfinanzierung aussagen?

+12. Erläutern Sie, wieso der Cash Flow einen Ausschnitt aus der Mittelherkunft im Sinne der Bewegungsbilanz darstellt!

+13. Inwiefern lassen sich Fehldeutungen, die bei einer isolierten Betrachtung des wie üblich ermittelten Cash Flow entstehen können, durch Analyse der entsprechenden Bewegungsbilanz eher vermeiden?

4. Kontrollfragen

14. Welche der nachstehenden Positionen ist nicht in den sog. Cash Flow einzurecl nen?

    a) Abschreibungen auf Gebäude
    b) Erhöhung einer statutarischen Rücklage aus dem Jahresüberschuß
    c) Zuführung zu Pensionsrückstellungen
    d) Erhöhung der gesetzlichen Rücklage um das Agio bei einer Aktienemission

15. Worüber sollen Cash Flow-Größen informieren?

    a) über die Liquidität
    b) über die innerhalb einer Periode erfolgte Innenfinanzierung
    c) über alle Zahlungsströme einer Periode
    d) über die Veränderungen des Kassenbestandes

16. Welche der folgenden Größen müßte vom Gewinn subtrahiert werden, damit sich eine Cash Flow-Ermittlung im Sinne des in Frage 15. gemeinten Zweckes ergibt?

    a) Erträge aus Zuschreibungen zu Gegenständen des Anlagevermögens
    b) Aufwendungen für bezogene Waren
    c) Aufwendungen für Altersversorgung und Unterstützung
    d) Erträge aus dem Barverkauf von Nebenerzeugnissen bei Kuppelproduktion

17. Eine Bewegungsbilanz ist in die Rubriken "Mittelherkunft" und "Mittelverwendung" gegliedert. Unter den folgenden Positionen zählt eine nicht zur Mittelherkunft, nämlich:

    a) Abschreibungen
    b) Zunahme der Lieferantenverbindlichkeiten
    c) Verminderung von Bankguthaben
    d) Vermehrung des Bestandes an Zahlungsmitteln

18. Die in einer Bewegungsbilanz als sog. "Umsatzüberschuß" (= Teil der Mittelherkunft) zusammengefaßten Positionen entsprechen

    a) den Umsatzerlösen aus der G. u. V. -Rechnung
    b) dem Jahresüberschuß der G. u. V. -Rechnung

c) dem nach gebräuchlichem Schema ermittelten Cash Flow

d) den in der Periode gelegten stillen Reserven

5. Lösungshinweise für das zehnte Kapitel

1. Für den Cash Flow ist (unbeschadet einzelner Verfeinerungen) folgende Kurzformel üblich:

	Bilanzgewinn (ohne Vortrag)
+	Nettozuweisung zu offenen Rücklagen
+	Abschreibungen
+	Erhöhung langfristiger Rückstellungen
=	Cash Flow

In manchen Fällen findet sich weiterhin noch eine gesonderte Addition der außerordentlichen Aufwendungen und eine Subtraktion außerordentlicher Erträge (vgl. z. B. Büschgen, S. 119).

3. Ein Unternehmen kann bestimmte Mittelverwendungen aus "eigener Kraft" finanzieren, soweit einem Geldzufluß aus Desinvestitionen im Betrachtungszeitraum keine laufenden Auszahlungen für betriebliche Prozesse gegenüberstehen. Bei der Cash Flow-Analyse wird der ausgewiesene Gewinn durch Addition solcher Aufwandsposten ergänzt, die in der Rechnungsperiode nicht auszahlungswirksam gewesen sind (z. B. Abschreibungen, Dotierung von Rückstellungen). Dem Grundgedanken nach stellt die Cash Flow-Größe somit stärker auf Aussagen über die Innenfinanzierung (*finanz*wirtschaftlicher Überschuß) ab als der Gewinnausweis, bei dem es um einen *erfolgs*wirtschaftlichen Überschuß geht.

4. Zur vollständigen Ermittlung eines finanzwirtschaftlichen Überschusses i. S. der Frage 4. müßten zum ausgewiesenen Gewinn alle in der Periode nicht auszahlungswirksamen Aufwandsposten addiert und alle nicht einzahlungswirksamen Ertragsposten subtrahiert werden.

So schlagen die Autoren Holzer und Schönfeld folgendes Schema vor (wobei statt "Auszahlung" bzw. "Einzahlung" von "Ausgaben" bzw. "Einnahmen" gesprochen wird):

"Gewinn

\+ sämtliche Nicht-Ausgaben, die in den Aufwendungen enthalten sind

Zwischensumme

\- sämtliche Nicht-Einnahmen, die in den Erträgen enthalten sind

= Netto-Geldzufluß (net cash flow from operations)" (1)

Die übliche Cash Flow-Formel vernachlässigt, wie im Vergleich zu obigem Schema deutlich wird, vor allem die Subtraktion nicht einzahlungswirksamer Erträge.

6. Als Beispiele wären zu nennen:

a) Zuschreibungen zu Gegenständen des Anlagevermögens;

b) Bestandserhöhungen an fertigen und an halbfertigen Erzeugnissen sowie "andere aktivierte Eigenleistungen";

c) Zunahme der Forderungen aus Lieferungen und Leistungen (= noch nicht einzahlungswirksame Umsatzerlöse).

7. Soll ganz generell festgestellt werden, welchen finanzwirtschaftlichen Überschuß die Unternehmung im Referenzzeitraum - zumindest für vorübergehende Anlagemöglichkeiten - erwirtschaften konnte, so ist auch der zur baldigen Ausschüttung vorgesehene Bilanzgewinn grundsätzlich in den Cash Flow einzubeziehen.

Falls sich die Untersuchung hingegen auf die langfristig aus Innenfinanzierung verfügbaren Mittel konzentriert, wäre es konsequent, den Bilanzgewinn in Höhe der geplanten Dividendensumme aus der Cash Flow-Kennzahl zu eliminieren (so die Gepflogenheit in den USA, wo i. d. R. lediglich die "retained earnings" in den Cash Flow eingerechnet sind).

---

(1) in: Die Wirtschaftsprüfung, 15. Jg. (1962) S. 562 (wobei Überlegungen des American Institute of Certified Public Accountants wiedergegeben werden).

8. Ausschlaggebend sind für die Zahlungsfähigkeit einer Unternehmung

a) die verfügbaren liquiden Mittel einerseits,

b) die zwingend fälligen Zahlungsverpflichtungen andererseits.

Beide zeitpunktbezogene Größen sind aber aus dem Cash Flow nicht zu ersehen. Somit ist der Cash Flow kein eindeutiges Indiz für die jederzeitige Zahlungsfähigkeit.

9. Beachten Sie beim Beantworten dieser Frage, daß sich für "Ertragskraft" in der Fachdiskussion zweierlei Interpretationen finden:

a) Zum einen ist damit in vergangenheitsbezogener Sicht die bisherige Fähigkeit zur Gewinnerzielung gemeint. Es wird mitunter behauptet, daß der Cash Flow hierfür ein besserer Maßstab sei als der durch bewertungspolitische Maßnahmen (z. B. überhöhte Abschreibungen) beeinflußte offizielle Gewinnausweis.
Allein: Ein unternehmungsexterner Analytiker kann nicht eindeutig beurteilen, welcher Anteil der in den Cash Flow insgesamt eingerechneten Abschreibungen bzw. Rückstellungsraten (verglichen mit der tatsächlichen Wertminderung) überhöht ist!

b) Zum anderen wird "Ertragskraft" zukunftsbezogen als Fähigkeit zur Gewinnerzielung in kommenden Perioden verstanden. Der Cash Flow sagt jedoch unmittelbar lediglich etwas über die bisher erzielten finanzwirtschaftlichen Überschußbeträge aus. Wie gewinnbringend diese Mittel künftig angelegt werden können, ist ein gesondertes Planungsproblem.

12. Die Cash Flow-Posten: Gewinn, Zuführungen zu offenen Rücklagen sowie Zunahme von Rückstellungen gehören als Passivmehrungen zur Mittelherkunft i. S. einer Bewegungsbilanz. Die Abschreibungen (Bestandteil des Cash Flow) werden als Aktivminderung ebenfalls auf der Mittelherkunft-Seite ausgewiesen. Die genannten Posten sind in Darstellungen von Bewegungsbilanzen als sog. "Umsatzüberschuß" zusammengefaßt.

13. In der Bewegungsbilanz sind z. B. die Bestandserhöhungen an fertigen und unfertigen Erzeugnissen oder eine Zunahme der Forderungen aus Lieferungen und Leistungen (beides sog. Mittelverwendung) dem Cash Flow bzw. Umsatzüberschuß (sog. Mittelherkunft) unmittelbar gegenübergestellt. - Vgl. zum Ver-

ständnis nochmals Frage X, 4. und X, 6.! -

14: d

15: b

16: a

17: d

18: c

XI. Liquidität und Finanzplanung

1. Lernzielbeschreibung

Nachdem Sie dieses Kapitel durchgearbeitet haben, sollen Sie

- die Begriffe "Liquidität" und "Illiquidität",
  "Momentanliquidität" und "Periodenliquidität",
  "Liquidierbarkeit"
  definieren können;
- das sog. Postulat der Liquidität bzw. die Liquidität als "strenge Nebenbedingung" erläutern können;
- zu den Bezeichnungen "Unterliquidität", "Überliquidität" und "optimale Liquidität" Stellung nehmen können;
- Beispiele sog. Liquiditäts-Kennzahlen anführen können;
- die Aussagefähigkeit einer Bilanz hinsichtlich der künftigen Unternehmungsliquidität umreißen können;
- Zweck und mögliche Bestandteile einer Liquiditätsreserve angeben können;
- die Merkmale eines sog. Liquiditätsengpasses kennzeichnen und Maßnahmen zur Überwindung von Liquiditätsengpässen vorschlagen können.

2. Literaturhinweise

Schwerpunktliteratur:

Lücke, W. : Finanzplanung und Finanzkontrolle, Wiesbaden 1962 (Reihe "Die Wirtschaftswissenschaften")

Witte, E. : Die Liquiditätspolitik der Unternehmung, Tübingen 1963

Zur Vertiefung:

Arbeitskreis Krähe der Schmalenbach-Gesellschaft: : Finanzorganisation. Finanzielle Unternehmensführung, Köln u. Opladen 1964, S. 25ff.

Gutenberg, E. : Grundlagen der Betriebswirtschaftslehre, Bd. 3: Die Finanzen, 4. Aufl., Berlin-Heidelberg-New York 1970, S. 297ff.

v. Kortzfleisch, G. : Die Grundlagen der Finanzplanung, Berlin 1957

Kosiol, E. : Finanzplanung und Liquidität, in: Zeitschrift für handelswissenschaftliche Forschung, N. F. 7. Jg. (1955) S. 251ff.

Krümmel, H.-J. : Grundsätze der Finanzplanung, in: Zeitschrift für Betriebswirtschaft, 34. Jg. (1964), S. 225ff

Orth. L. : Die kurzfristige Finanzplanung industrieller Unternehmungen, Köln und Opladen 1961

Strobel, A. : Die Liquidität, 2. Aufl., Stuttgart 1953

Witte, E. : Zur Bestimmung der Liquiditätsreserve, in: Zeitschrift für Betriebswirtschaft, 34. Jg. (1964), S. 763-772

3. Lernfragen

+1. Wie definieren Sie "Liquidität" bzw. "Illiquidität" in betriebswirtschaftlicher Sicht?

+2. Welcher Tatbestand läßt sich mit "Liquidierbarkeit" bezeichnen?

+3. Ist es - wenn es um das Problem der Zahlungsfähigkeit geht - zweckmäßig, "Liquidität" als eine Eigenschaft bestimmter Vermögensposten zu definieren?

4. Welche Folgen sind mit der Zahlungsunfähigkeit einer Unternehmung verbunden? (Vgl. § 102 Konkursordnung bzw. § 2 Vergleichsordnung!)

5. Erläutern Sie unter diesem Blickwinkel, was mit dem Ausdruck "Postulat der Liquidität" (Kosiol, Witte) gemeint ist!

6. Was wird im Vergleich zur "Momentanliquidität (Zeitpunktliquidität)" unter "Periodenliquidität" verstanden? (Vgl. Witte, 1963, S. 13)

7. Welche logischen Beziehungen bestehen zwischen der Momentan- und der sog. Periodenliquidität?

+8. Ist die Liquidität Bestandteil des betrieblichen Zielsystems?

9. Beinhaltet das Liquiditätspostulat, rein finanzwirtschaftlich gesehen, eine Maximierungs- bzw. eine Minimierungsaufgabe? (Vgl. dazu Witte, 1963, S. 27)

+10. Für welchen Tatbestand findet sich in der Literatur der Ausdruck "Unterliquidität"? - Nehmen Sie dazu Stellung!

+11. Welche verschiedenen Planungsaspekte sind bereits miteinander verknüpft, wenn von "Überliquidität" die Rede ist?

+12. Was ist mit dem Terminus "optimale Liquidität" gemeint?

13. Führen Sie Beispiele sogenannter Liquiditäts-Kennzahlen an, wie sie bei Bilanzanalysen errechnet werden!

+14. Kann man mit Hilfe der Bilanz die Liquidität ermitteln?

+15. Welche Arten von Einflußgrößen der Liquidität sind in der Bilanz nicht erfaßt? (Vgl. Witte, 1963, S. 4 - 8)

+16. Nennen Sie weitere Mängel, die eine Bilanz als Hilfsrechnung zum Beurteilen der künftigen Liquidität aufweist!

+17. Welches sind die Aufgaben einer Finanzplanung?

18. Worin besteht der Inhalt der sogenannten Finanzprognose?

+19. Welche Grundsätze sind bei der Finanzprognose zu beachten?

+20. Wozu dient eine sogenannte Liquiditätsreserve?

+21. Aus welchen Bestandteilen kann sich eine Liquiditätsreserve konkret zusammensetzen?

22. Erläutern Sie, welche Bedeutung der Liquidierungsbetrag und die Liquidierungsdauer von Vermögensgütern für ihre Eignung als Liquiditätsreserve besitzen!

+23. Wodurch ist ein sogenannter Liquiditätsengpaß gekennzeichnet?

24. Nennen Sie Maßnahmen, die im Rahmen der Liquiditäts-Politik zur Überwindung des Liquiditätsengpasses ergriffen werden können!

4. Kontrollfragen

25. Was besagt das "Postulat der Liquidität" ?

a) das Anlagevermögen des Betriebes muß durch Eigenkapital gedeckt sein

b) ein Betrieb muß jederzeit in der Lage sein, die zwingend fälligen Zahlungsverpflichtungen zu erfüllen

c) ein Betrieb soll keinen größeren Bestand an flüssigen Mitteln halten als zum Begleichen von Zahlungsverpflichtungen unbedingt erforderlich ist

d) die kurzfristigen Verbindlichkeiten sollen durch leicht liquidierbare Güter des Umlaufvermögens gedeckt sein

26. Wie ist das Erfordernis der Liquidität in Planungsrechnungen zu berücksichtigen?

a) als Bestandteil der Zielfunktion

b) als zu minimierende Variable

c) als strenge Nebenbedingung

d) als zu maximierende Größe

27. In welchem der nachfolgenden Fälle kann man von einer Liquiditätsreserve sprechen?

a) nicht ausgeschöpfte Kreditzusagen einer Bank

b) stille Reserven durch überhöhte Bildung von Rückstellungen

c) Sonderposten mit Rücklageanteil

d) freie Rücklagen

28. Welcher Sachverhalt kennzeichnet einen sogenannten Liquiditätsengpaß?

a) sämtliche betriebliche Teilpläne haben sich nach der Finanzplanung auszurichten
b) ein Betrieb muß wegen Zahlungsunfähigkeit Konkurs anmelden
c) benötigte Kredite sind nur zu einem Zins zu erhalten, der die erzielbare Rendite des eingesetzten Gesamtkapitals übersteigt
d) in der Finanzplanung wird für einen künftigen Zeitpunkt ein finanzwirtschaftlicher Fehlbetrag prognostiziert

29. Folgende Überlegung ist nicht Bestandteil der Finanzplanung:

a) Planung der Anlage von prognostizierten Finanzüberschüssen
b) Planung von Entnahmen aus der gesetzlichen Rücklage
c) Kostenvergleich von Alternativen zur Deckung eines erwarteten finanzwirtschaftlichen Fehlbetrages
d) Planung von Liquiditätsreserven

5. Lösungshinweise für das elfte Kapitel

1. "Liquidität ist die Fähigkeit der Unternehmung, die zu einem Zeitpunkt zwingend fälligen Zahlungsverpflichtungen uneingeschränkt erfüllen zu können; sie muß während des Bestehens der Unternehmung zu jedem Zeitpunkt gegeben sein" (Witte, 1963, S. 15).

Der Ausdruck "Illiquidität" wird dementsprechend synonym zu "Zahlungsunfähigkeit" verwendet.

2. "Liquidierbarkeit" bezeichnet die Eigenschaft von Vermögensgütern, sich in Geld umwandeln ("verflüssigen") zu lassen.
Je nach Liquidierungsdauer des betreffenden Vermögensgutes können Güterklassen mit unterschiedlicher "Nähe" zur Geldform gebildet werden.

3. Es hängt von Höhe und Fälligkeitstermin der Verbindlichkeiten ab, inwieweit ein innerhalb bestimmter Frist aus Verkäufen erzielbarer Liquidierungsbetrag die Zahlungsfähigkeit gewährleistet. Deshalb wäre nur ein Teilaspekt berücksichtigt, wenn man die Verflüssigbarkeit von Vermögensgütern - ohne

Relation zu den Zahlungsverpflichtungen - als "Liquidität" bezeichnete.

8. Als dominierende Zielsetzung, um derentwillen betriebswirtschaftliche Aktivitäten in erster Linie stattfinden, läßt sich die Liquidität nicht einstufen. Es handelt sich vielmehr um eine Bedingung, die strikt eingehalten werden muß, wenn die betrieblichen Oberziele erreicht werden sollen.

So ist die Liquidität in mathematischen Planungsansätzen nicht in der Zielfunktion, sondern als strenge Nebenbedingung berücksichtigt.

Zu einer etwas anderen Interpretation gelangt man, wenn man die Tätigkeitsbereiche der verschiedenen Instanzen innerhalb eines Organisationsgebildes untersucht. Hier mag es Aufgabenbeschreibungen für Entscheidungsträger des Finanzbereiches geben, wonach das Erhalten der Liquidität als primäre Zielvorgabe des betreffenden Stelleninhabers gilt (z. B. bestimmte Zuständigkeiten auf dem Gebiete der kurzfristigen Finanzplanung und Gelddisposition.) In diesem an die organisatorische Aufgabenverteilung anknüpfenden Sinne ist die Liquidität Bestandteil des betrieblichen Zielsystems.

10. Mit dem Ausdruck "Unterliquidität" wird in der Literatur hin und wieder die Situation eines Unternehmens gekennzeichnet, das zwar gegenwärtig noch zahlungsfähig ist, in naher Zukunft aber zahlungsunfähig zu werden droht (vgl. Strobel, S. 47).
Stellungnahme: Im strengen Sinne ist die Frage, ob ein Unternehmen liquide sei, ohne gradweise Abstufung mit "ja" oder "nein" zu beantworten. Insofern ist der Terminus "Unterliquidität" unscharf. (Zur künftig drohenden Zahlungsunfähigkeit vgl. im übrigen den Hinweis auf den Begriff "Liquiditätsengpaß", XI, 23.).

11. Durch den Begriff "Überliquidität" (vgl. wiederum Strobel, S. 53) soll eine Ausstattung mit Zahlungsmitteln bzw. leicht liquidierbaren sonstigen Vermögensgütern gekennzeichnet werden, die über den für fällige Verbindlichkeiten notwendigen Umfang hinausgeht. Der Terminus beinhaltet bereits eine Verknüpfung der finanzwirtschaftlichen und der erfolgswirtschaftlichen Betrachtungsweise: Es wird damit zum Ausdruck gebracht, daß bei unnötig hoher Bestandshaltung an gering oder gar nicht verzinslichen liquiden Mitteln Renditechancen aus anderweitiger Mittelverwendung entgehen.

Der Zusatz "Über..." wäre unter rein finanzwirtschaftlichen Gesichtspunkten entbehrlich; hierfür allein würde die Feststellung genügen, daß das Postulat der Liquidität erfüllt sei.

12. Die Verbindung finanz- und erfolgswirtschaftlicher Aspekte spiegelt sich auch in der Formulierung "optimale Liquidität" wider. Es ist damit gemeint, daß "die Unternehmung über genau so viel Zahlungsmittel verfügt, wie zur Erfüllung der fälligen Verpflichtungen bei gleichzeitiger Erzielung größtmöglicher Rentabilität nötig sind." (Orth, S. 32)

14; 15; 16.

Bilanzanalysen sind lediglich Hilfsrechnungen, um Anhaltspunkte zur Beurteilung der Liquidität zu gewinnen. Es lassen sich auf dieser Basis keine völlig hinreichenden Aussagen über die künftige Zahlungsfähigkeit treffen, denn das aus Bilanzen stammende Datenmaterial weist folgende Mängel auf:

a) Es handelt sich zum Zeitpunkt der Analyse um Vergangenheitsdaten

b) Bilanzen weisen die liquiditätswirksamen Größen nur <u>unvollständig</u> aus, denn grundsätzlich können drei Arten möglicher Einflußgrößen der Liquidität unterschieden werden, von denen nur die unter ba) genannten bilanziell erfaßt sind:

   ba) Gebuchte Einflußgrößen (z. B. Forderungen und Verbindlichkeiten);

   bb) Rechtlich fixierte, aber noch nicht gebuchte Einflußgrößen (sog. schwebende Geschäfte);

   bc) Geplante, aber noch nicht rechtlich fixierte Einflußgrößen (z. B. unaufschiebbare Ersatzinvestitionen);

c) Bilanzen gestatten dem externen Interessenten keine genaue Feststellung der Ein- und Auszahlungs<u>termine.</u>

d) Den ausgewiesenen Posten fehlt oft die hinreichende <u>Betragsgenauigkeit</u>. (Siehe z. B. stille Reserven!)

- Vgl. dazu die bei Frage XI. 15. angegebene Literaturquelle! -

17. Die Finanzplanung umfaßt ganz grundsätzlich folgende drei Aufgaben:

a) Aufstellung der Finanzprognose (d. h. Schätzung der künftigen Ein- und Auszahlungen);

b) Ermittlung von Alternativen der Mittelbeschaffung und Mittelanlage bei erwartetem Fehlbetrag bzw. Finanzüberschuß;

c) Bestimmung der als optimal betrachteten Alternative.

Primäres Anliegen ist dabei die Erhaltung der Liquidität (siehe a) und teilweise b); darüber hinaus orientiert sich aber auch die Finanzplanung - in Abstimmung mit anderen Teilplänen - an Gewinn- bzw. Rentabilitätsüberlegungen (siehe vor allem c).

19; 20; 21.

Für die Finanzprognose sind die Grundsätze der Vollständigkeit, Zeitpunktgenauigkeit und Betragsgenauigkeit der Planung zu beachten.

Dem Bemühen um Vollständigkeit dienen organisatorische Vorkehrungen, die eine rechtzeitige Meldung voraussichtlicher Zahlungsvorgänge aus allen Funktionsbereichen sicherstellen sollen. (Vgl. z. B. Arbeitskreis Krähe, S. 38)

Die Grundsätze der Zeitpunkt- und der Betragsgenauigkeit sind nur mit Einschränkungen zu erfüllen, da die Finanzprognose nicht auf der Basis sicherer Erwartungen erstellt werden kann. Angesichts dieser Ungewißheiten ist eine Liquiditätsreserve zu halten, d. h. "gegenwärtige und zukünftige Zahlungskraft ..., die ausschließlich dazu bestimmt ist, den Finanzbedarf zu decken, der aus erwogenen finanzwirtschaftlichen Gefahren erwächst". (Vgl. Witte, 1964, S. 766)

Bestandteil einer solchen Liquiditätsreserve können sein:

a) Vermögensreserven, z. B. Barbestände, Wechsel, Effekten

b) Finanzierungsreserven, z. B. noch nicht ausgenutzte Kreditzusagen, mögliche Kapitalerhöhungen bzw. Einforderungen ausstehender Einlagen.

(Vgl. Witte, 1964, S. 766f)

23. Ein Liquiditätsengpaß besteht, wenn vorgesehene Auszahlungen nach den Planungsunterlagen nicht vollständig durch Zahlungsmittelbestände bzw. noch erwartete Einzahlungen gedeckt sein werden. "Man kann den Liquiditätsengpaß als unrealisierte, zunächst nur im Plan enthaltene Illiquidität bezeichnen" (Witte, 1963, S. 36).

Durch entsprechende Plankorrekturen, die liquiditätspolitische Maßnahmen einschließen, wird versucht, den tatsächlichen Eintritt einer Illiquidität zu verhindern.

25: b

26: c

27: a

28: d

29: b

XII. Grundzüge der Investitionsrechnung

Vorbemerkung: Dieses Kapitel soll lediglich einen ersten Überblick zum Problem der Investitionsrechnung vermitteln (z.B. ist die MAPI-Methode nicht in den Fragenkatalog einbezogen worden).

Der Abschnitt beschränkt sich ganz bewußt auf einige bekannte Verfahren, bei denen - zumindest nach den theoretischen Vorschlägen - das Rechnen mit Einzahlungen und Auszahlungen eine Rolle spielt. Damit wird die Verbindung zu Fragen der Finanzplanung betont. Auf integrierte Planungsmodelle für den Finanz- und Investionsbereich wird aber im einzelnen nicht eingegangen.

1. Lernzielbeschreibung

Nachdem Sie dieses Kapitel durchgearbeitet haben, sollen Sie

- die grundsätzlichen Aufgaben der Investitionsplanung, speziell der Investitionrechnung, sowie den Zusammenhang zwischen Investitions- und Finanzplänen umreißen können;
- die Begriffe "Barwert",
  "Kapitalwert",
  "Interner Zinsfuß",
  "Kapitalwertannuität",
  "Rentenbarwertfaktor",
  "Wiedergewinnungsfaktor" und
  "Differenzinvestition"

  definieren können;
- den Unterschied zwischen statischen und dynamischen Verfahren der Investitionsrechnung erklären können;
- die wichtigsten statischen und dynamischen Verfahren der Investitionsrechnung nennen können;
- die Formelansätze für die Kapitalwertmethode, die Interne Zinsfußmethode, die Annuitätenmethode und die Pay-off-Methode angeben und erläutern können;

- für jedes dieser Verfahren die Bedingung (und das darin eingeschlossene Zielkriterium) anführen können, wonach eine Investition als vorteilhaft gilt;
- für die finanzmathematischen Methoden die Voraussetzung darlegen können, unter der sich m e h r e r e Investitionsobjekte miteinander vergleichen lassen;
- begründen können, unter welchen Umständen rechnerisch eine sog. Differenzinvestition (Komplementärinvestition, Supplementinvestition) zu berücksichtigen ist;
- die Annahmen verdeutlichen können, die den "klassischen" Verfahren der Investitionsrechnung zugrunde liegen und deren praktische Anwendbarkeit einschränken.

2. Literaturhinweise

Schwerpunktliteratur:

Blohm, H. und Lüder, K. : Investition, Berlin und Frankfurt a. M. 1967, S. 54-89, S. 91-93, S. 96-99

Kahl, H.-P. : Die Methoden der Wirtschaftlichkeitsrechnung und ihre Bedeutung für die praktische Investitionspolitik, in: Schriften zur Unternehmensführung, Bd. 4: Optimale Investitionspolitik (Hrsg. : H. Jacob), Wiesbaden 1968, S. 7-32

Wöhe, G. : Einführung in die Allgemeine Betriebswirtschaftslehre, 10. Aufl., Berlin u. Frankfurt a. M. 1970, S. 367-373

Zur Vertiefung:

Heister, M. : Rentabilitätsanalyse von Investitionen, Köln und Opladen 1962, S. 25ff

Schindler, H. : Investitionsrechnungen in Theorie und Praxis, 3. Aufl., Meisenheim am Glan 1966, insbes. S. 44-59

Schmidt, R.-B. und Berthel, J. : Unternehmungsinvestitionen, Reinbek b. Hamburg (rowohlts deutsche enzyklopädie) 1970, S. 70-102

Schneider, E. : Wirtschaftlichkeitsrechnung, 7. Aufl., Tübingen-Zürich 1968, insbes. S. 1-39

Schwarz, H. : Optimale Investitionsentscheidungen, München 1967, S. 21-54, S. 85-90

3. Lernfragen

+1. Geben Sie einen kurzen Überblick über die grundsätzlichen Probleme, die insgesamt Gegenstand der Investitionsplanung sind!

2. Welche Aufgabe hat die Investitionsrechnung innerhalb des Prozesses einer Investitionsplanung zu erfüllen?

+3. Zeigen Sie den sachlichen Zusammenhang auf, der zwischen finanzwirtschaftlichen Vorgängen und der Investitionsplanung, insbesondere den Ansätzen der Investitionsrechnung, besteht!

+4. Worin unterscheiden sich statische und dynamische Verfahren der Investitionsrechnung?

+5. Welche statischen Verfahren der Investitionsrechnung sind Ihnen bekannt?

+6. Nennen Sie die geläufigen Verfahren der dynamischen Investitionsrechnung!

7. Begründen Sie, ob es für das Ergebnis einer Investitionsrechnung belanglos ist, wenn statt Ein- und Auszahlungen die betrieblichen Erträge und Kosten als Rechnungsgrößen angesetzt werden!
(Sie können sich den Unterschied z. B. am Fall einer Maschinenanschaffung klarmachen: Rechnerischer Ansatz der gesamten Anschaffungs- Auszahlung in t_o oder der anteiligen kalkulatorischen Abschreibungen pro Jahr von t_1 bis t_n.)

8. Welche Überlegungen sprechen theoretisch für das Rechnen mit Ein- und Auszahlungen?

9. Was ist unter dem Barwert künftiger Zahlungsgrößen zu verstehen?

+10. Wie ist der Kapitalwert einer Investition verbal und in mathematischer Form definiert?

11. Unter welcher Bedingung gilt eine Investition nach der Kapitalwertmethode als vorteilhaft?

12. Was besagt ein Kapitalwert von null?

13. Welcher Aussage entspricht die Errechnung eines negativen Kapitalwertes?

+14. Wie ist der sog. interne Zinsfuß verbal und in mathematischer Darstellung definiert?

15. Wie lautet die Vorteilhaftigkeitsbedingung für eine Investition bei Anwendung der Methode des internen Zinsfußes?

16. Was bedeutet es, wenn der interne Zinsfuß kleiner ist als der vom Investor angesetzte Kalkulationszinsfuß?

+17. Welcher Sachverhalt wird durch die sog Kapitalwertannuität zum Ausdruck gebracht?

+18. Erläutern Sie die Begriffe "Rentenbarwertfaktor" und "Wiedergewinnungsfaktor"!

19. Wann gilt eine Investition nach der Annuitätenmethode als vorteilhaft?

+20. Unter welchen Entscheidungsbedingungen erscheint die Anwendung der Annuitätenmethode (auf Grund ihrer Aussage über durchschnittliche jährliche Zahlungsgrößen) zweckmäßig?

+21. An welcher Zielvorstellung orientiert sich bei der Kapitalwertmethode, der Methode des internen Zinsfußes und der Annuitätenmethode das Urteil über die Vorteilhaftigkeit einer Investition?

22. Wie lautet verbal der Grundgedanke der Pay-off-Methode (Amortisationsrechnung)?

23. Wann empfiehlt sich nach der Pay-off-Methode die Durchführung einer bestimmten Investition?

+24. Stellen Sie dar, wie sich die sog. Pay-off-Periode nach der statischen und nach der dynamischen Amortisationsrechnung ermitteln läßt!

+25. Worin besteht hinsichtlich des Rechnungsergebnisses der Unterschied zwischen statischer und dynamischer Pay-off-Rechnung?

26. Was kann die Pay-off-Rechnung über die Rendite einer Investition aussagen?

+27. Welches Zielkriterium liegt der Pay-off-Rechnung zugrunde?

+28. Unter welchen Bedingungen lassen sich mehrere Investitionsobjekte ohne weiteres nach den finanzmathematischen Methoden der Investitionsrechnung vergleichen?

+29. Welchem Zweck dient die rechnerische Berücksichtigung einer sog. Differenzinvestition (Komplementärinvestition, Supplementinvestition)?

30. Wie lautet die jeweilige Prämisse hinsichtlich der Differenzinvestitionen, mit denen bei der Kapitalwertmethode, der Annuitätenmethode und der Methode des internen Zinsfußes i. d. R. stillschweigend gearbeitet wird?

31. Warum können die Kapitalwertmethode und die Interne Zinsfußmethode bei der Wahl zwischen mehreren Investitionsmöglichkeiten zu unterschiedlichen Aussagen über die Vorteilhaftigkeit führen? (Vgl. Wöhe, S. 373 u. Kahl, S. 16f)

+32. Nennen Sie verbal das Kriterium. nach dem unter Anwendung der Annuitätenmethode über den Ersatzzeitpunkt einer Anlage entschieden wird!

33. Welche Annahmen, die den "klassischen" Verfahren der Investitionsrechnung zugrunde liegen, schränken deren praktische Anwendbarkeit ein?
(Vgl. u.a. Wöhe, S. 372f.; Kahl, S. 16-18, S. 27-32; Blohm-Lüder, S. 85-89; Schmidt-Berthel, S. 96-102).

4. Kontrollfragen

34. Eine Kapitalwertannuität wird definiert als

a) die Differenz zwischen den jährlichen Einzahlungen und den jährlichen Auszahlungen

b) ein für alle Nutzungsjahre in gleicher Höhe angesetzter Betrag, dessen abgezinste Werte insgesamt dem Kapitalwert entsprechen

c) das Produkt aus Kapitalwert und Rentenbarwertfaktor

d) der Betrag, der sich aus der Division des Kapitalwertes durch die Jahre der Nutzungsdauer ergibt.

35. Der sog. interne Zinsfuß gibt an:

a) die im betreffenden Unternehmen verrechneten kalkulatorischen Zinsen

b) die bei einer Investition verlangte Verzinsung

c) den Rechnungszinssatz, zu dem sich ein positiver Kapitalwert ergibt

d) die Effektivverzinsung eines Investitionsobjektes

36. Die dynamischen Verfahren der Investitionsrechnung können für die Wahl zwischen mehreren Investitionsobjekten herangezogen werden, ohne daß eine sog.

Differenzinvestition zu berücksichtigen ist, wenn

a) die Investitionsdauer der Objekte gleich ist

b) die Summe der Auszahlungen für diese Objekte gleich ist

c) die Ein- und die Auszahlungen für diese Objekte gleich sind

d) die Auszahlungen für diese Objekte und die Investitionsdauer gleich sind

37. Nach der Pay-off-Methode orientiert sich die Investitionsentscheidung an folgendem Kriterium

a) maximale Verzinsung des investierten Kapitals

b) bestimmte Rendite des investierten Kapitals

c) Minderung des Investitionsrisikos

d) Maximierung des durch eine Investition während ihrer Gesamt-Nutzungszeit hervorgerufenen Cash Flow

38. Dynamische Verfahren der Investitionsrechnung sind gekennzeichnet durch

a) Abzinsen oder Aufzinsen aller Ein- und Auszahlungen auf einen bestimmten Zeitpunkt

b) Errechnung durchschnittlicher Einzahlungsüberschüsse pro Jahr

c) Berücksichtigung mehrerer Investitionsobjekte mit unterschiedlicher Nutzungsdauer

d) Berücksichtigung des Restverkaufswertes einer Anlage zu verschiedenen Zeitpunkten

5. Lösungshinweise für das zwölfte Kapitel

1. Folgende Teilaufgaben, die grundsätzlich zum Gegenstandsbereich jeglichen Planens zählen, lassen sich mit speziellem Bezug zur Investitionsplanung anführen:

a) Festlegung der Zielkriterien, nach denen bei der Auswahl von Investitionen entschieden werden soll;

b) Ermittlung möglicher Handlungsalternativen (hier: Bestimmung der Investitionsobjekte, die für den vorgesehenen Zweck überhaupt in Frage kommen);

c) Prognose der bei den einzelnen Handlungsalternativen zu erwartenden Konsequenzen (hier: z. B. Prognose von Ein- und Auszahlungsströmen, aber auch von nicht ohne weiteres quantifizierbaren Größen, wie Unfallgefahr, leichte Umstellbarkeit des Investitionsobjektes usw.)

d) Bewertung der verschiedenen Handlungsalternativen aufgrund von a und c; Entschluß zur Verwirklichung einer bestimmten Alternative.

Die Investitionsrechnung umfaßt einen Teil des unter d genannten Aufgabenbereiches.

3. In einer Investitionsplanung ist auf die Bereitstellbarkeit ausreichender finanzieller Mittel für die Anschaffung des Objektes ebenso zu achten wie auf das Zeit- und Betragsverhältnis zwischen den laufenden objektbedingten Aus- und Einzahlungen. Finanz- und Investitionplanung sind also, nicht zuletzt unter Liquiditätsgesichtspunkten, unmittelbar verknüpft.

Bei den im Kapitel XII behandelten Verfahren der Investitionsrechnung kommt diese Integration der beiden Planungsbereiche zwar nur unzureichend zum Ausdruck. Der Ansatz von Ein- und Auszahlungen als Rechnungsgrößen der Kalküle läßt dennoch auch schon hier eine Verflechtung mit finanzwirtschaftlichen Vorgängen erkennen.

4. Im Gegensatz zu den statischen Verfahren berücksichtigen die dynamischen Investitionsrechnungen - durch Auf- oder Abzinsen - die Unterschiede im zeitlichen Anfall von Ein- und Auszahlungen (bzw. anderer Rechnungsgrößen). Damit wird betont, daß z. B. ein bereits heute entstehender Einzahlungsüberschuß unter Renditegesichtspunkten (Wiederanlage!) mehr wert ist als ein gleich hoher Überschußbetrag zu späteren Zeitpunkten.

5. Die wichtigsten statischen Verfahren im Überblick:

a) Kostenvergleichsrechnung
b) Gewinnvergleichsrechnung
c) einfache Rentabilitätsrechnung ("return on investment"-Rechnung)
d) Pay-off-Rechnung (Amortisationsrechnung) ohne Berücksichtigung von Zinsen und Zinseszinsen.

6. Als dynamische Investitionsrechnungen sind insbesondere bekannt

a) Kapitalwertmethode

b) Interne Zinsfußmethode

c) Annuitätenmethode

d) Pay-off-Rechnung (Amortisationsrechnung) mit Berücksichtigung von Zinsen und Zinseszinsen

10. Der Kapitalwert einer Investition ist definiert als die Differenz aus dem Barwert der investitionsbedingten Einzahlungen und dem Barwert der investitionsbedingten Auszahlungen (bzw. als Barwert aller im Zeitablauf der Investition entstehenden Ein- oder Auszahlungs-Überschüsse):

$$C_o = -a_o + \frac{e_1 - a_1}{q} + \frac{e_2 - a_2}{q^2} + \ldots + \frac{e_n - a_n}{q^n}$$

oder

$$C_o = \sum_{j=1}^{n} (e_j - a_j)\, q^{-j} - a_o$$

wobei:

C_o = Kapitalwert im Rechnungszeitpunkt

a_o = Anschaffungsauszahlung

$a_1, \ldots, a_n$ = laufende Auszahlungen während der Nutzungsjahre

$e_1, \ldots, e_n$ = laufende Einzahlungen während der Nutzungsjahre (hier zur Vereinfachung einschließlich eines evtl. Restverkaufswertes des Investitionsobjektes am Ende der Nutzungsdauer)

p = Kalkulationszinsfuß

$$q = 1 + \frac{p}{100}$$

14. Der Zinssatz, der beim Diskontieren der Ein- und Auszahlungsreihen zu einem Kapitalwert von null führt, wird als interner Zinsfuß bezeichnet.

Verwenden wir für den internen Zinsfuß das Symbol r (statt p, womit bei Frage 10 der Kalkulationszinsfuß - also die verlangte Mindestverzinsung - symbolisiert gewesen ist), so gilt die Bedingung:

$$-a_o + \frac{e_1 - a_1}{1+\frac{r}{100}} + \frac{e_2 - a_2}{(1+\frac{r}{100})^2} + \ldots + \frac{e_n - a_n}{(1+\frac{r}{100})^n} = 0$$

r ist die Unbekannte dieser Gleichung

17. Die Kapitalwertannuität ist derjenige jährlich gleich hohe Betrag, dessen Erzielung am Ende jeder künftigen Nutzungsperiode wirtschaftlich der Verfügbarkeit des gesamten Kapitalwertes im Rechnungszeitpunkt entsprechen würde.

Es gilt also, wenn wir die Kapitalwertannuität mit c bezeichnen:

$$-a_o + \frac{e_1 - a_1}{q} + \frac{e_2 - a_2}{q^2} + \ldots + \frac{e_n - a_n}{q^n} = \frac{c}{q} + \frac{c}{q^2} + \ldots + \frac{c}{q^n}$$

oder

$$C_o = c\left(\frac{1}{q} + \frac{1}{q^2} + \ldots + \frac{1}{q^n}\right)$$

Daraus ergibt sich:

$$C_o = c \cdot \frac{q^n - 1}{q^n(q-1)} \qquad \text{bzw.} \qquad c = C_o \cdot \frac{q^n(q-1)}{q^n - 1}$$

18. Die im Lösungshinweis zu 17. angeführte Größe $\frac{q^n - 1}{q^n(q-1)}$ heißt (nachschüssiger) Rentenbarwertfaktor.

Dieser Faktor bringt den Wert zum Ausdruck, den eine - zum Ende eines jeden der n Jahre fällige - Rente von DM 1.-- im heutigen Kalkulationszeitpunkt besitzt.

Die Größe $\frac{q^n(q-1)}{q^n - 1}$ (= Kehrwert des Rentenbarwertfaktors)

heißt Wiedergewinnungsfaktor.

Dieser Faktor gibt an, welcher gleichbleibende Betrag während der n Jahre jeweils zum Jahresende zu zahlen ist, um innerhalb dieser Zeit ein Kapital von DM 1.-- einschließlich Zinsen und Zinseszinsen zu tilgen.

20. Die Annuitätenmethode bietet sich beim Vergleich mehrerer Investitionsobjekte mit unterschiedlicher Nutzungsdauer an.

21. Mit Hilfe der Kapitalwertmethode, der Methode des internen Zinsfußes und der Annuitätenmethode wird eine Investition unter Rentabilitätsgesichtspunkten beurteilt. Es wird danach gefragt, ob bei Anlage eines gegebenen Betrages finanzieller Mittel bestimmte Verzinsungsansprüche während der Gesamt-Nutzungsdauer des Investitionsobjektes erfüllt sind.

24. Statische Pay-off-Rechnung: $t = \frac{a_o}{d}$

(t = sog. Pay-off-Periode; a_o = Anschaffungsauszahlung;
d = durchschnittlicher Einzahlungsüberschuß pro Jahr)

Dynamische Pay-off-Rechnung:

$$\sum_{j=1}^{t} (e_j - a_j)\, q^{-j} = a_o$$

oder bei Annahme gleicher Einzahlungsüberschüsse d pro Jahr

$$d \frac{q^t - 1}{q^t(q-1)} = a_o \qquad \text{d. h.} \qquad \frac{a_o}{d} = \frac{q^t - 1}{q^t(q-1)}$$

t ist gesucht!

25. Die Pay-off-Periode fällt für gegebene Ein- und Auszahlungsreihen bei statischer Rechnung kürzer aus als bei dynamischer Rechnung, da letztere eine Amortisation der Anschaffungsauszahlung zuzüglich Zinsen und Zinseszinsen verlangt.

27. Die Pay-off-Rechnung wird - anders als die Kapitalwertmethode und die damit verwandten Verfahren - nicht unter Rentabilitätsgesichtspunkten durchgeführt, sondern unter dem Aspekt der Risiko-Minderung (Kahl, S. 18, spricht von Sicherheits-Maximierung). Im Grunde genommen handelt es sich aber beim Streben nach Risiko-Einschränkung gar nicht um eine selbständige Zielsetzung sondern um eine beim Verfolgen bestimmter Ziele zusätzlich gestellte Bedingung.

28. Mehrere Investitionsobjekte lassen sich nur dann unmittelbar vergleichen, wenn entweder

a) in allen Fällen ein gleicher Mitteleinsatz vorliegt, so daß die relative Vorteilhaftigkeit an den unterschiedlichen Konsequenzen des Mitteleinsatzes gemessen werden kann, oder wenn

b) in allen Fällen gleiche Konsequenzen des Mitteleinsatzes zu erwarten sind, so daß die relative Vorteilhaftigkeit am unterschiedlichen Mitteleinsatz zu messen ist.

(Vgl. dazu die beiden möglichen Fassungen des Wirtschaftlichkeitsprinzips!)

Beispiel zu a: Die Investitionsdauer und die Auszahlungen sind bei mehreren Vergleichsobjekten identisch. Für die Wahl entscheidend sind dann die Unterschiede in den Einzahlungen.

29. Differenzinvestitionen (Komplementärinvestitionen, Supplementinvestitionen) werden in die Rechnung eingeführt, um - sofern dies nicht von vornherein erfüllt ist - die Bedingung gleichen Mitteleinsatzes gedanklich herzustellen.

Vgl. Zahlenbeispiele u. a. bei Blohm-Lüder, S. 76ff.
(Der Ausdruck "Differenzinvestition" wird übrigens von E. Schneider in anderem Zusammenhang verwendet; vgl. E. Schneider, S. 39)

32. Der Ersatz der alten Anlage A durch eine neue Anlage N erscheint vorteilhaft, wenn die Annuität aller Zahlungsströme von N größer ist als die Annuität der künftig mit A verbundenen Zahlungsströme.

Die früheren Auszahlungen für A sind demnach für diese Ersatzentscheidung nicht bestimmend; die Rechnung erfolgt ausschließlich zukunftsorientiert.

34: b

35: d

36: d

37: c

38: a

XIII. Die Problematik von Finanzierungsregeln

1. Lernzielbeschreibung

Nachdem Sie dieses Kapitel durchgearbeitet haben, sollen Sie

- die mit der Aufstellung von Finanzierungsregeln verfolgten Zwecke angeben können;
- darstellen können, zwischen welchen Arten von Bilanzpositionen bestimmte Beziehungen durch horizontale und durch vertikale Finanzierungsregeln normiert werden;
- die "goldene Bankregel" ("goldene Finanzierungsregel"), die "goldene Bilanzregel" in ihren unterschiedlich strengen Fassungen, die "bankers' rule" und den beim "acid-test" aufgestellten Grundsatz wiedergeben können;
- Kriterien nennen können, nach denen sich Finanzierungsregeln allgemein in ihrer Bedeutung für die Unternehmungspolitik beurteilen lassen;
- zu den einzelnen horizontalen und vertikalen Finanzierungsregeln anhand dieser Kriterien Stellung nehmen können;
- erläutern können, was im Zusammenhang mit Finanzierungsregeln unter einer "partiellen Betrachtungsweise" zu verstehen ist.

2. Literaturhinweise

Schwerpunktliteratur:

Gutenberg, E.	: Grundlagen der Betriebswirtschaftslehre, Bd. 3: Die Finanzen, 4. Aufl., Berlin-Heidelberg-New York 1970, S. 272-296
Härle, D.	: Finanzierungsregeln und ihre Problematik, Wiesbaden 1961
Härle, D.	: Finanzierungsregeln und Liquiditätsbeurteilung, in: Finanzierungs-Handbuch (Hrsg.: H. Janberg), 2. Aufl., Wiesbaden 1970, S. 89-110

Zur Vertiefung:

Lipfert, H. : Optimale Unternehmensfinanzierung, 3. Aufl., Frankfurt a.M. 1969, S. 24-37

Lipfert, H. : Finanzierungsregeln und Bilanzstrukturen, in: Finanzierungs-Handbuch (Hrsg.: H. Janberg), 2. Aufl., Wiesbaden 1970, S. 67-87

Mülhaupt, L. : Der Bindungsgedanke in der Finanzierungslehre, Wiesbaden 1966, insbes. S. 40ff.

Oettle, K. : Unternehmerische Finanzpolitik, Stuttgart 1966, S. 197-214

Sandig, C. : Finanzierung mit Fremdkapital, Stuttgart 1965 (Sammlung Poeschel), S. 56-64

v. Wysocki, K. : Das Postulat der Finanzkongruenz als Spielregel, Stuttgart 1962

3. Lernfragen

+1. Welchem Zweck sollen Finanzierungsregeln grundsätzlich dienen?

2. Zwischen welchen Größen werden bestimmte rechnerische Beziehungen durch sogenannte horizontale Finanzierungsregeln normiert (vgl. u.a. Gutenberg, S. 281)?

3. Nennen Sie die gebräuchlichsten horizontalen Finanzierungsregeln! (Vgl. vor allem Härle, 1961, S. 31ff, wie auch Härle, 1970, S. 92ff)

4. Auf welche Größen nehmen sogenannte vertikale Finanzierungsregeln Bezug? (Vgl. u. a. Gutenberg, S. 281)

5. Führen Sie Beispiele für vertikale Finanzierungsregeln an! (Vgl. vor allem Härle, 1961, S. 25)

6. Erläutern Sie, wieso die "goldene Bankregel" ("goldene Finanzierungsregel") auch als Prinzip der Fristenkongruenz bezeichnet wird!

7. Bezieht sich die "goldene Bankregel" ausdrücklich auf die Bilanzstruktur?

8. In welchem Grundsatz zur Bilanzstruktur hat sich das Prinzip der "goldenen Bankregel" ("goldenen Finanzierungsregel") niedergeschlagen?

9. Erläutern Sie die unterschiedlich strengen Fassungen der "goldenen Bilanzregel"!

+10. Eine in den USA geläufige Finanzierungsregel ist die sog. "bankers' rule". Welche Vermögens-Kapital-Relation wird dabei als "current ratio" oder "bankers' ratio" gefordert?

+11. Welche Größe wird als "working capital" umschrieben? Versuchen Sie, den Terminus zu deuten!

12. Sind die "goldene Bankregel" und die sog. "bankers' rule" identisch?

+13. Auf welche Relation bezieht sich der sog. "acid-test"?

+14. Führen Sie Kriterien an, die sich einer Beurteilung von Finanzierungsregeln zugrunde legen lassen!

15. Was ist im Zusammenhang mit horizontalen Finanzierungsregeln unter einer "partiellen Betrachtungsweise" zu verstehen, und welche Einwendungen sind gegen diese Betrachtungsweise vorzubringen?
(Vgl. z.B. Gutenberg, S. 278-280)

+16. Warum kann eine Bilanzanalyse, die schematisch unter dem Aspekt der "goldenen Bilanzregel" durchgeführt wird, zu Fehldeutungen führen?

17. Garantiert die Einhaltung der üblichen horizontalen Finanzierungsregeln, daß die Zahlungsfähigkeit einer Unternehmung jederzeit gewahrt bleibt?

18. Führt die Verletzung dieser Finanzierungsregeln notwendigerweise zu Zahlungsschwierigkeiten?

19. Überprüfen Sie, ob die horizontalen Finanzierungsregeln Rentabilitätsgesichtspunkte berücksichtigen!

+20. Auf Grund welcher Überlegungen wird mitunter die Einhaltung vertikaler Finanzierungsregeln verlangt?

21. Ist es zweckmäßig, das Verhältnis von Eigen- und Fremdkapital in genereller Weise zu normieren?

+22. Inwiefern können Finanzierungsgrundsätze den Charakter von "Spielregeln" gewinnen?

4. Kontrollfragen

23. Die sogenannten horizontalen Finanzierungsregeln versuchen in erster Linie Orientierungshilfen zu geben für

a) die Sicherstellung einer Mindestrentabilität
b) die Absicherung gegen Verluste
c) die Wahrung der Liquidität
d) die Minimierung der Kapitalkosten

24. Die "goldene Bilanzregel" (im engeren Sinne) verlangt folgende Mindest-Relation:

a) ein Verhältnis von 2:1 zwischen Umlaufvermögen und kurzfristigem Fremdkapital
b) ein Verhältnis von 1:1 zwischen Barmitteln + sofort liquidierbarem sonstigen Umlaufvermögen und kurzfristigem Fremdkapital
c) ein Verhältnis von 1:1 zwischen langfristigem Kapital und Anlagevermögen
d) ein Verhältnis von 1:1 zwischen Eigenkapital und Fremdkapital

25. In vertikalen Finanzierungsregeln herrscht folgender Grundgedanke vor:

a) die Fristigkeit des Fremdkapitals soll mit den Investitionen so abgestimmt sein, daß die Liquidität des Betriebes gewährleistet ist
b) Eigenkapital soll in solcher Höhe vorhanden sein, daß eventuelle Verluste nicht die Ansprüche der Fremkapitalgeber beeinträchtigen
c) ein anlageintensiver Betrieb soll mit möglichst viel Eigenkapital ausgestattet sein
d) zur Steigerung der Eigenkapitalrentabilität sollte niedrig verzinsliches Fremdkapital aufgenommen werden

26. In welchem der nachfolgenden Beispiele ist die "goldene Bilanzregel" nicht in dem günstigen Maße erfüllt, wie es bei einer schematisch durchgeführten Bilanzanalyse erscheinen mag?

a) Teile einer aufgenommenen Anleihe (in Obligationen verbrieft) sind innerhalb der nächsten Monate fällig
b) als juristisch kurzfristig ausgewiesene Bankkredite sind faktisch längerfristig gewährt
c) Güter des Anlagevermögens sind kurzfristig liquidierbar
d) das nicht dauernd gebundene Umlaufvermögen ist unterbewertet

27. Was ist mit dem Hinweis gemeint, in Finanzierungsregeln komme vielfach eine "partielle Betrachtungsweise" zum Ausdruck?

a) es wird versäumt, die Finanzplanung mit den übrigen betrieblichen Teilplänen abzustimmen
b) die Finanzierungsregeln tragen nicht der Komplexität betrieblicher Ziele Rechnung
c) der Hinweis bezieht sich auf vertikale Finanzierungsregeln, da diese nur eine Bilanzseite berücksichtigen
d) es wird für ganz bestimmte Vermögensgüter bzw. Vermögensgütergruppen die Bindungsdauer mit der Fristigkeit des hierfür bereitgestellten Kapitals verglichen

5. Lösungshinweise für das dreizehnte Kapitel

1. Finanzierungsregeln lassen sich interpretieren als "Grundsätze für die Wahl der Finanzierungsmittel zur Befriedigung eines gegebenen Kapitalbedarfs, als Normen für die Kapitalbeschaffung unter bestimmten Gesichtspunkten" (Härle, 1961, S. 20 bzw. ders. 1970, S. 89).

Sie sollen für die Finanzentscheidungen in einem Unternehmen als Orientierungshilfe dienen, da sie verdeutlichen, was als "solides" Finanzgebaren - z. B. hinsichtlich Höhe und Fristigkeit der Verbindlichkeiten - gilt.

Da die Einhaltung dieser Normen üblicherweise anhand von Bilanzgrößen kontrolliert wird, kann man auch sagen, daß Finanzierungsregeln für "die nachträgliche Beurteilung von Finanzierungsmaßnahmen durch Dritte auf Grund von Bilanzen" eine Richtschnur bilden (Sandig, 1965, S. 56).

10. Umlaufvermögen : kurzfristige Verbindlichkeiten = mindestens 2:1

11. working capital = Umlaufvermögen - kurzfristige Verbindlichkeiten

Diese Kennzahl soll eine Aussage darüber ermöglichen, in welchem Umfange die (bei normalem Geschäftsgang) relativ leicht liquidierbaren Vermögensteile zur "freien Disposition" stehen, also nicht für kurzfristige Schuldentilgungen bereitgestellt werden müssen.

13. Beim sog. "acid-test" (gewissermaßen "Feuerprobe") wird folgende Relation verlangt: Flüssige Mittel und kurzfristige Forderungen : kurzfristige Verbindlichkeiten = mindestens 1:1

14. Die Stellungnahme zu Finanzierungsregeln kann an die Frage anknüpfen, inwieweit das Einhalten solcher Normen zur verbesserten Realisierung von Unternehmenszielen bzw. zum Erfüllen zwingender Nebenbedingungen beiträgt.

In diesem Sinne analysiert z. B. Härle, 1961, die Finanzierungsregeln unter folgenden Kriterien:
Bedeutung für

die Realisierung des Gewinnziels,
das Einhalten der Liquiditätsbedingung,
die Fähigkeit des Unternehmens, eventuelle Verluste durch Eigenmittel "aufzufangen",
die finanzielle Elastizität,
die Unabhängigkeit und Dispositionsfreiheit des Unternehmens,
die günstige akquisitorische Wirkung des Bilanzbildes auf Außenstehende.

16. Berücksichtigen Sie beim Beantworten dieser Frage die Mängel, die einer Bilanz hinsichtlich des vollständigen Ausweises liquiditätswirksamer Einflußgrößen sowie hinsichtlich der Fälligkeits- und Betragsgenauigkeit der einzelnen Posten anhaften. (Vgl. dazu auch XI. 15. und XI. 16. sowie Lipfert, 1970, S. 77f)

20. Bei der Aufstellung vertikaler Finanzierungsregeln dominiert der Gedanke, daß die Eigenkapital-Ausstattung im Verhältnis zum Fremdkapital jederzeit ausreichen muß, um bei eventuellen Verlusten eine Beeinträchtigung der Gläubiger-Ansprüche zu vermeiden. (Überschuldung, d. h. eine Vermögensausstattung, die infolge von Verlusten nicht mehr die Schulden deckt, gilt als Konkursgrund).

In vertikalen Finanzierungsregeln kommt also vor allem ein Gesichtspunkt des Sicherheitsstrebens zum Ausdruck.

22. Wenn Kapitalgeber die Zuführung weiterer finanzieller Mittel von der bisherigen und künftigen Einhaltung der Finanzierungsregeln abhängig machen, sind die Unternehmensleitungen genötigt, bei ihren Dispositionen auf die erforderliche Bilanzoptik zu achten. Dies gilt dann auch für den Fall, daß eine andere Finanzierungsweise den Zielsetzungen des Unternehmens in dessen spezifischer Situation besser entsprechen würde. Die Einhaltung der Normen wird, im Sinne einer Konvention, zur "Spielregel" für die finanzwirtschaftlichen Beziehungen zu anderen Wirtschaftseinheiten.

23: c

24: c

25: b

26: a

27: d

XIV. Der optimale Verschuldungsgrad einer Unternehmung

1. Lernzielbeschreibung

Nachdem Sie dieses Kapitel durchgearbeitet haben, sollen Sie

- die Zusammenhänge zwischen Verschuldung und Eigenkapitalrendite in einem Gleichungsansatz sowie grafisch wiedergeben und erläutern können;
- den sogenannten "leverage"-Effekt erklären können;
- das mit zunehmender Verschuldung verbundene Rendite-Risiko ("leverage risk") darstellen können;
- die Modellaussagen zum optimalen Verschuldungsgrad erörtern können, insbesondere angeben können:
    - was im Modell unter "Verhaltensgrößen" verstanden wird,
    - welche Annahmen über die Verhaltensweise der Kapitalgeber bei zunehmender Verschuldung des Unternehmens getroffen werden,
    - wie die durchschnittlichen Kapitalkosten für den Modellansatz ermittelt werden,
    - wie das Optimum des Verschuldungsgrades definiert ist,
    - wie sich steuerliche Regelungen tendenziell auf den optimalen Verschuldungsgrad auswirken;
- aus der Sicht des Modells interpretieren können, was mit der Bezeichnung "konventioneller Verschuldungsgrad" gemeint ist.

2. Literaturhinweise

Schwerpunktliteratur:

Gutenberg, E. : Grundlagen der Betriebswirtschaftslehre, Bd. 3: Die Finanzen, 4. Aufl., Berlin-Heidelberg-New York 1970, S. 184-189, S. 199-226

Heinen, E. : Einführung in die Betriebswirtschaftslehre, 3. Aufl., Wiesbaden 1970, S. 211-215

Zur Vertiefung:

Philipp, F. : Modelle der Finanzierung,
in: Handwörterbuch des Rechnungswesens (Hrsg.: E. Kosiol),
Stuttgart 1970, Sp. 1145-1160, insbes. Sp. 1147ff.

Schneider, D. : Investition und Finanzierung,
Köln u. Opladen 1970, S. 441ff

3. Lernfragen

1. Zeigen Sie in einem Gleichungsansatz die Zusammenhänge zwischen dem Fremdkapital-Eigenkapital-Verhältnis und der Eigenkapitalrendite auf! (Vgl. z.B. Gutenberg, S. 184f).

2. Skizzieren Sie diesen Zusammenhang grafisch!

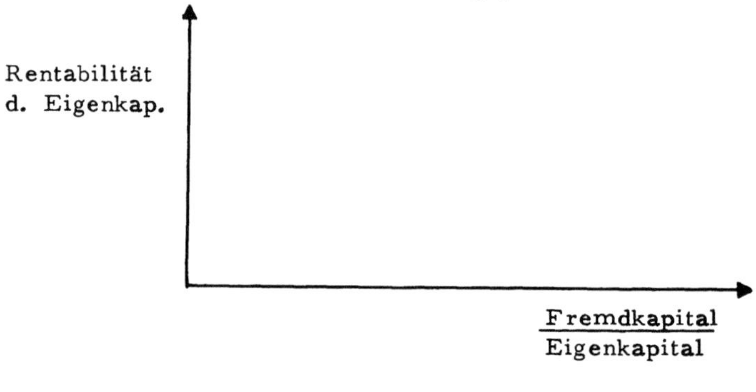

+3. Was wird unter dem sog. "leverage"-Effekt verstanden?

4. Unter welcher Bedingung ergibt sich aus zunehmender Verschuldung (sichere Erwartungen angenommen) eine für die Eigenkapitalgeber ungünstige Renditewirkung?

+5. Inwiefern erhöht sich bei Ungewißheit der Renditeerwartungen und zunehmender Verschuldung das Risiko der Eigenkapitalgeber?

6. Wie werden im Modell des optimalen Verschuldungsgrades die <u>durchschnittlichen</u> Kapitalkosten ermittelt? (Vgl. hierzu Gutenberg, S. 211, und zum Begriff der Kapitalkosten nochmals die Frage VII, 19.!)

7. Versuchen Sie grafisch darzustellen, in welchem Sinne (mit Bezug auf die durchschnittlichen Kapitalkosten) von einem <u>optimalen</u> Verschuldungsgrad gesprochen wird! (Vgl. Gutenberg, S. 212)

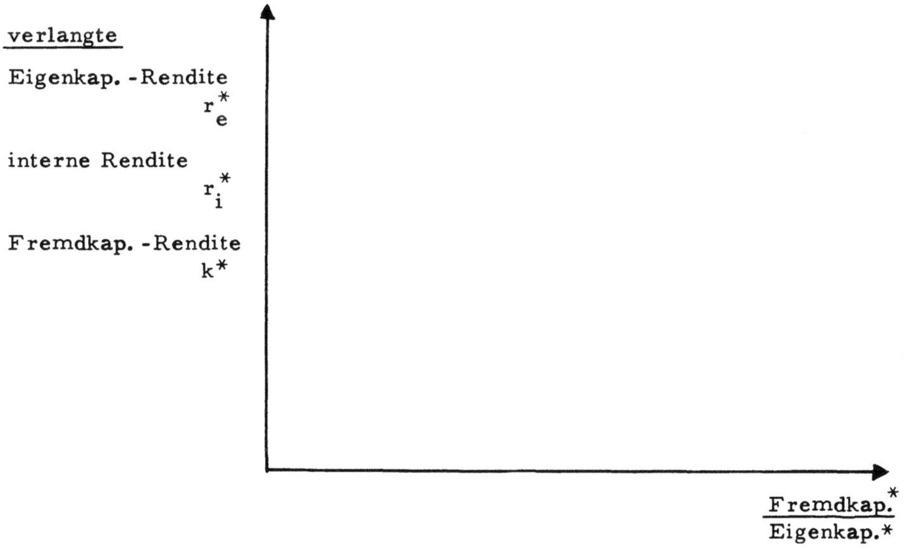

+8. Was ist im Modell des optimalen Verschuldungsgrades unter "Verhaltensgrößen" zu verstehen? (Vgl. Gutenberg, S. 210f)

+9. Welche Annahmen werden in der Theorie des optimalen Verschuldungsgrades über die Verhaltensweise der Kapitalgeber (bei zunehmender Verschuldung des Unternehmens)getroffen?

10. Wie wirken sich steuerliche Belastungen tendenziell auf die Entscheidung über den Verschuldungsgrad aus? (Vgl. Gutenberg, S. 218ff)

+11. Was ist, im Gegensatz zum "optimalen Verschuldungsgrad", mit dem Ausdruck "konventioneller Verschul dungsgrad" gemeint?

4. Kontrollfragen

12. Um wieviel verändert sich die Rendite des Eigenkapitals, wenn bei einem Fremdkapitalzins von 8 % und einer internen Rendite von 16 % das Verhältnis des Fremdkapitals zum Eigenkapital von 2:1 auf 3:1 erhöht wird?

a) um 8 %

b) um 40 %

c) um 12 %

d) um - 4 %

13. Als "leverage"-Effekt wird folgender Sachverhalt bezeichnet:

a) mit der Erhöhung des Verschuldungsgrades wächst das Risiko, daß Geschäftsrückschläge zu einer unbefriedigenden Eigenkapitalrendite führen
b) eine Erhöhung des Verschuldungsgrades führt zu einer Steigerung der Kapitalkosten
c) solange die Eigenkapitalrendite über dem Fremdkapitalzins liegt, führt jede weitere Verschuldung zu einer Erhöhung der Gesamtkapital-Rendite
d) solange die Rentabilität des Gesamtkapitals höher als der Fremdkapitalzins ist, führt zunehmende Verschuldung zu einer Steigerung der Eigenkapitalrendite

14. Wodurch ist die hinsichtlich der Eigenkapital-Rendite drohende Gefahr ("leverage risk") gekennzeichnet, wie sie sich mit zunehmender Verschuldung verbinden kann?

a) durch Aktienverkäufe der Anteilseigner, wodurch das Kursniveau der Anteilspapiere sinkt
b) durch die Streuung der möglichen internen Renditesätze
c) durch ein Überschreiten des Kapitalkosten-Minimums
d) durch vorzeitige Kreditkündigungen

15. Welche Größen werden modelltheoretisch zur Ermittlung des optimalen Verschuldungsgrades in Beziehung gesetzt?

a) die interne Rendite und der Fremdkapitalzins
b) das Fremdkapital-Eigenkapital-Verhältnis und die durchschnittlichen Kapitalkosten
c) das Fremdkapital-Gesamtkapitalverhältnis und die Eigenkapitalrendite
d) die Höhe des Fremdkapitals und die Kapitalkosten für das Eigenkapital

16. Die geltenden körperschaftsteuerlichen Regelungen wirken für eine beabsichtigte Verschuldung tendenziell

a) hindernd, da mit wachsender Zinslast die Betriebsausgaben steigen
b) förderlich, und zwar wegen des gespaltenen Körperschaftsteuer-Tarifs
c) förderlich, da die Fremdkapitalzinsen als Betriebsausgaben abzugsfähig sind
d) hindernd, da die Besteuerung den "leverage"-Effekt einschränkt

5. Lösungshinweise für das vierzehnte Kapitel

3. Als "leverage"-Effekt ("Hebelwirkung", die von wachsender Verschuldung auf die Eigenkapitalrendite ausgeht) wird folgender Tatbestand umschrieben:

   Solange die erzielbare Rendite des Gesamt-Kapitals (interne Rendite) größer ist als der effektive Fremdkapital-Zins, trägt wachsende Verschuldung zur Steigerung der Eigenkapital-Rendite bei (s. dazu den Formelzusammenhang laut XIV, 1.).

5. Ist die Rentabilität des Gesamtkapitals (interne Rendite) kleiner als der effektive Fremdkapitalzins, so ergibt sich aus zunehmender Verschuldung für die Eigenkapital-Geber ein ungünstiger Renditeeffekt (vgl. Formelansatz lt. Frage XIV, 1.)

   Die zukünftigen internen Renditen lassen sich aber nur innerhalb gewisser Grenzen abschätzen, so daß z. B. für die Zukunft angenommen werden können:

   r_{i1} = 7 % als der ungünstigste, aber nicht ausgeschlossene Satz

   r_{i2} = 15 % als die am ehesten zu erwartende interne Rendite und

   r_{i3} = 18 % als der denkbar günstigste Fall

   Bei einer Fremdkapital-Verzinsung von k = 10 % ergeben sich daraus folgende Eigenkapitalrenditen r_e in Abhängigkeit vom Verschuldungsgrad (Fremdkapital : Eigenkapital).

$\frac{\text{Fremdkapital}}{\text{Eigenkapital}}$	r_e, falls r_{i1}	r_e, falls r_{i2}	r_e, falls r_{i3}
0	7 %	15 %	18 %
1	4 %	20 %	26 %
2	1 %	25 %	34 %
3	- 2 %	30 %	42 %

"Mit dem Risiko zurückgehender oder fehlender Gewinne steigt das Risiko aus der Verschuldung. Anders ausgedrückt: Mit zunehmendem Anteil der Fremdfinanzierung am Kapitalfonds der Unternehmen erhöht sich die Empfindlichkeit der Renditen des Eigenkapitals gegenüber geschäftlichen Rückschlägen". (Gutenberg, S. 187)

8. Als "Verhaltensgrößen" werden die von den Eigen- und Fremdkapital-Gebern verlangten Renditen r_e^* bzw. k^* (sowie die daraus rechnerisch abgeleitete erforderliche interne Verzinsung r_i^*) bezeichnet. Diese Renditeforderungen schlagen sich in der Kursentwicklung von Anteilspapieren und Obligationen nieder (vgl. nochmals die Bedeutung des Begriffes "Kapitalkosten"!)

9. In dem bei Gutenberg, S. 208ff, wiedergegebenen Modell wird von der Annahme ausgegangen, daß sich die Kapitalgeber bis zu einer bestimmten Verschuldungsgrenze indifferent verhalten, d. h. keine steigenden Renditen zum Ausgleich eines wachsenden Strukturrisikos verlangen. Erst von einem relativ hohen Verschuldungsgrad an - so die Prämisse - reagieren die Kapitalgeber durch erhöhte Renditeforderungen, was sich in einem Druck auf das Kursniveau der vom Unternehmen emittierten Wertpapiere niederschlägt.

Nach anderen Modellannahmen (z. B. Modigliani-Miller) ist unterstellt, daß die Eigenkapital-Geber bei jeglicher Erhöhung des Verschuldungsgrades einen Ausgleich des wachsenden Strukturrisikos durch steigende Renditen verlangen. Es läßt sich unter dieser Prämisse ein durchschnittlicher Kapitalkostensatz ableiten, der bei den verschiedenen Verschuldungsgraden unverändert bleibt, dessen Kurvenverlauf also kein Minimum aufweist.

11. Der "optimale" Verschuldungsgrad ist im Modell als diejenige Fremdkapital-Eigenkapital-Struktur dargestellt, bei der die durchschnittlichen Kapitalkosten - verglichen mit anderen Alternativen - am geringsten sind. Als "konventioneller" Verschuldungsgrad wird hingegen ein Fremdkapital-Eigenkapital-Verhältnis bezeichnet, das (u. U. abweichend vom theoretischen Optimum) den Geschäftsusancen und damit auch gewissen Finanzierungsregeln entspricht.

12: a

13: d

14: b

15: b

16: c

XV. Gründungen, Kapitalerhöhungen, Kapitalherabsetzungen, Sanierungen und Fusionen

Vorbemerkung: *Durch dieses Kapitel soll abschließend der rechtliche Rahmen skizziert werden, der für die möglichen Finanzierungsmaßnahmen im Zusammenhang mit besonderen konstitutiven Entscheidungen gesteckt ist.*

1. Lernzielbeschreibung

Nachdem Sie dieses Kapitel durchgearbeitet haben, sollen Sie

- die Geld- und etwaige Realgüterströme bei einer
  - Simultangründung,
  - Sukzessivgründung,
  - qualifizierten Gründung,
  - Nachgründung,
  - Kapitalerhöhung gegen Einlagen,
  - bedingten Kapitalerhöhung (sowie bei genehmigtem Kapital),
  - Kapitalerhöhung aus Gesellschaftsmitteln,
  - ordentlichen Kapitalherabsetzung,
  - vereinfachten Kapitalherabsetzung,
  - Kapitalherabsetzung durch Einziehung von Aktien,
  - buchtechnischen (formellen, reinen) Sanierung,
  - Sanierung durch materielle finanzwirtschaftliche Maßnahmen,
  - Verschmelzung durch Aufnahme und
  - Verschmelzung durch Neubildung

  darstellen können;
- die wichtigsten Rechtsvorschriften für diese Vorgänge gelesen haben und interpretieren können;

2. Literaturhinweise

Schwerpunktliteratur:

Deutsch, P. : Grundfragen der Finanzierung, 2. Aufl., Wiesbaden 1967, S. 57-76, S. 101-111, S. 129-170

Vormbaum, H. : Finanzierung der Betriebe, Wiesbaden 1964, S. 63-93, S. 185-212

Wöhe, G. : Einführung in die Allgemeine Betriebswirtschaftslehre, 10. Aufl., Berlin u. Frankfurt a.M. 1970, S. 450-476

Zur Vertiefung:

Beckmann, L. u. Pausenberger, E. : Gründungen, Umwandlungen, Fusionen, Sanierungen, Wiesbaden 1961, S. 13-34, S. 63-101

Pausenberger, E. : Die finanzielle Sanierung, in: Finanzierungs-Handbuch (Hrsg.: H. Janberg), 2. Aufl., Wiesbaden 1970, S. 655-685

Rittershausen, H. : Industrielle Finanzierungen, Wiesbaden 1964, S. 67-113

Sandig, C. : Finanzen und Finanzierung der Unternehmung, Stuttgart 1968 (Sammlung Poeschel), S. 74f.

3. Lernfragen

Gründungen

1. Worin besteht der Unterschied zwischen einer Simultangründung und einer Sukzessivgründung bei der AG? - Was bestimmt das geltende Aktiengesetz dazu? (Vgl. § 29 AktG, wobei dort von "Errichtung" die Rede ist.)

2. Was wird unter einer "qualifizierten Gründung" verstanden?

3. Welche besonderen aktienrechtlichen Vorschriften greifen im Falle der sog. Sachgründung ein?
(Vgl. insbesondere §§ 33, 2 Ziff. 4 und 34, 1 Ziff. 2 AktG)

4. Wie könnten - ohne weitere rechtliche Regelung - die für Sacheinlagen geltenden gesetzlichen Vorschriften umgangen werden?

5. Kennzeichnen Sie die aktienrechtlichen Bestimmungen zur sog. Nachgründung!
(§ 52 AktG, insbes. Absatz 1 und 4)

Kapitalerhöhungen

6. Zu welchen Problemen führt es bei einer Personengesellschaft, wenn neues Eigenkapital unter Verschiebung der bisherigen Anteilsverhältnisse zugeführt wird? (Vgl. z. B. Wöhe, S. 454f)

7. Erläutern Sie, wie diese Probleme grundsätzlich gelöst werden können!

8. Welche Arten der Kapitalerhöhung werden im Aktiengesetz unterschieden? (vgl. §§ 182ff AktG)

9. Stellen Sie die Nachteile dar, die einem Aktionär erwachsen könnten, wenn er ohne weiteres von der Beteiligung an einer Kapitalerhöhung ausgeschlossen wäre!

10. Durch welches gesetzlich vorgesehene Recht sollen diese Nachteile vermieden werden? (Vgl. § 186 AktG)

11. Kann dieses Recht ausgeschlossen werden? (Vgl. § 186, 3 bis 186, 5 AktG)

12. Worin besteht der Wert eines Bezugsrechtes und wie läßt er sich rechnerisch ermitteln?

+13. Inwiefern tritt das Problem des Bezugsrechts auch bei der Ausgabe von Wandelschuldverschreibungen auf? - Wonach bestimmt sich hierbei der Wert des Bezugsrechts?

14. Was ist unter einer bedingten Kapitalerhöhung zu verstehen?
(Vgl. § 192, 1 AktG)

15. Für welche Zwecke kommt eine bedingte Kapitalerhöhung in Frage?
(Vgl. 192, 2 AktG)

16. Worin besteht der Unterschied zwischen einer bedingten Kapitalerhöhung und dem sogenannten genehmigten Kapital?
(Vgl. § 192 und § 202 AktG)

17. In welchen Situationen wird die Verwaltung einer AG eine Beschlußfassung über genehmigtes Kapital vorschlagen?
(Vgl. z. B. Wöhe, S. 459)

+18. Wie wirken sich die bedingte Kapitalerhöhung und das genehmigte Kapital im Zeitablauf auf die Finanzmittelsphäre einer Unternehmung aus?

19. Erläutern Sie den Vorgang der Kapitalerhöhung aus Gesellschaftsmitteln! (Vgl. § 207 AktG)

20. Welcher gravierende Unterschied besteht dabei zu den zuvor besprochenen Formen der Kapitalerhöhung?

21. Nehmen Sie zu der Bezeichnung "Gratisaktien" Stellung!

22. Unter welchen Bedingungen erscheint eine Kapitalerhöhung aus Gesellschaftsmitteln angebracht? Inwiefern berührt sie die weiteren finanzpolitischen Möglichkeiten des Unternehmens? (Vgl. z. B. Sandig, 1968, S. 74f; Deutsch, S. 156f)

23. Welche Rücklagen können im Rahmen der Kapitalerhöhung aus Gesellschaftsmitteln in Grundkapital umgewandelt werden? (Vgl. § 208 AktG)

Kapitalherabsetzungen

24. Welche Arten der Kapitalherabsetzung werden nach dem Aktiengesetz unterschieden?
(Vgl. §§ 222ff AktG)

25. Warum greifen bei der ordentlichen Kapitalherabsetzung strenge Gläubigerschutzvorschriften ein, und welchen Inhalts sind diese Vorschriften?
(Vgl. dazu § 225 AktG)

26. Unter welchen Voraussetzungen ist eine vereinfachte Kapitalherabsetzung möglich?
(Vgl. § 229 AktG)

27. Worin besteht die Vereinfachung? (Vgl. Wöhe, S. 466)

28. Was ist der Unterschied zwischen einer Denomination und der Zusammenlegung von Aktien?
(Vgl. z. B. Deutsch, S. 133f; auch Wöhe, S. 466)

29. In welchen Fällen unterliegt die Kapitalherabsetzung durch Einziehen von Aktien nicht den Vorschriften über die ordentliche Kapitalherabsetzung? (Vgl. § 237, 3 AktG)

30. Unter welcher Prämisse erscheint der entgeltliche Erwerb eigener Aktien zwecks Einziehung angebracht?

31. Gestattet das AktG den Erwerb eigener Aktien zum Zwecke der Einziehung? (Vgl. § 71, 1, Ziff. 6 AktG)

Sanierungen

32. Was ist ganz generell unter der Sanierung eines Unternehmens zu verstehen?

33. Welche Symptome lassen erkennen, daß eine Sanierung erforderlich ist?

34. Worin besteht das Merkmal einer buchtechnischen ("formellen", "reinen") Sanierung? (Vgl. z. B. Deutsch, S. 133; Wöhe, S. 466f)

35. Inwiefern stellt die sog. formelle Sanierung eine Voraussetzung für materielle finanzwirtschaftliche Maßnahmen dar?

36. Untersuchen Sie, inwieweit die Kapitalherabsetzung durch Einziehen von Aktien als Sanierungsmaßnahme in Frage kommt!
(Vgl. dazu auch Frage XV, 29.)

37. Kann die Verwaltung einer Aktiengesellschaft zwingend bestimmen, daß die Aktionäre zur Verlusttilgung Zuzahlungen leisten müssen?
(Vgl. Wöhe, S. 467)

38. Wodurch kann den Aktionären ein Anreiz zum Leisten von Zuzahlungen gegeben werden?

39. Zeigen Sie den Unterschied zwischen Zuzahlungen und einer formellen (buchtechnischen) Sanierung auf!

40. Was wird unter einer "Alternativsanierung" verstanden?

41. Unter welcher Bedingung darf das Grundkapital einer Aktiengesellschaft unter den Mindestbetrag von DM 100.000.-- herabgesetzt werden?
(Vgl. § 228, 1 AktG)

42. Auf welche Weise können Gläubiger zum Gelingen einer Sanierung beitragen?
(Vgl. z.B. Pausenberger, 1970, S. 675ff; Deutsch, S. 136ff)

+43. Welche Zusagen beinhalten sog. Besserungsscheine?

Fusionen

44. Erläutern Sie den Vorgang der Verschmelzung durch Aufnahme im Vergleich zur Verschmelzung durch Neubildung!
(Vgl. § 339 AktG)

45. Welche Leistungen gewährt bei einer Fusion die übernehmende AG üblicherweise den Aktionären der übertragenden Gesellschaft?
(Vgl. dazu Wöhe, S. 472ff)

46. Welche Rolle spielt der sogenannte Bilanzkurs für Fusionsverhandlungen?

47. Können bei einer Fusion ohne weiteres die üblichen Jahresschlußbilanzen für das Festsetzen von Aktien-Umtauschverhältnissen zugrunde gelegt werden? Begründen Sie Ihre Antwort!

48. Welche finanzwirtschaftlichen Maßnahmen sind grundsätzlich denkbar, um ungünstige Umtauschverhältnisse zu korrigieren?
(Vgl. Wöhe S. 473)

4. Kontrollfragen

49. Wie hoch ist der rechnerische Wert des Bezugsrechts unter folgenden Bedingungen:
Kurs der alten Aktien: 260.-- DM p. St.
Kurs der neuen Aktien: 180.-- DM p. St.
Bezugsverhältnis 4:1
"Dividendennachteil" der neuen Aktien: 5.-- DM p. St.

a) 30.-- DM
b) 16.-- DM
c) 15.-- DM
d) 17.-- DM

50. Für welchen der nachstehend genannten Fälle kommt eine bedingte Kapitalerhöhung nicht in Frage?

a) Umtausch von Wandelschuldverschreibungen in Aktien
b) Aktienbezug durch Gläubiger von Optionsschuldverschreibungen
c) rasche Ausnutzung einer günstigen Kapitalmarktlage in der Zukunft
d) Gewährung von Aktien-Bezugsrechten an Arbeitnehmer im Zusammenhang mit einer Gewinnbeteiligung

51. Welche der im folgenden genannten Steuerarten hat vor 1960 (als Belastung der Gesellschaft) hemmend für Kapitalerhöhungen aus Gesellschaftsmitteln gewirkt?

a) Börsenumsatzsteuer
b) Gesellschaftsteuer
c) Körperschaftsteuer
d) Wertpapiersteuer

52. Die strengen Gläubigerschutzbestimmungen der ordentlichen Kapitalherabsetzung greifen im folgenden Fall n i c h t ein:

a) Kapitalherabsetzung im Anschluß an einen Erwerb eigener Aktien, auf die der volle Ausgabebetrag noch nicht geleistet ist, zu einem Börsenkurs unter pari
b) Kapitalrückzahlung und entsprechende Denomination der Aktien
c) Erwerb eigener Aktien, auf die der volle Ausgabebetrag geleistet ist, zum Nominalwert zwecks anschließender Kapitalherabsetzung
d) Einziehung von Aktien, auf die der volle Ausgabebetrag geleistet ist, zu Lasten einer freien Rücklage

53. Eine sog. Unterbilanz liegt vor

a) wenn das Eigenkapital nicht mindestens gleich dem Fremdkapital ist
b) wenn das Anlagevermögen nicht durch Eigenkapital und langfristiges Fremdkapital finanziert ist
c) wenn ein Verlustvortrag anzeigt, daß nicht mehr das volle, nominell fest ausgewiesene Eigenkapital vorhanden ist
d) wenn dem nominell fest ausgewiesenen Eigenkapital ein Korrekturposten "Ausstehende Einlagen ..." gegenübersteht

54. Was wird unter "formeller Sanierung" ("reiner Sanierung") verstanden?

a) die Umwandlung "eingefrorener" Kredite in Beteiligungskapital
b) der Verzicht der Gläubiger auf einen Teil ihrer Forderungen im Rahmen des gerichtlichen Vergleichs
c) die Zuführung neuen Kapitals durch die Aktionäre einer notleidenden Gesellschaft
d) der buchtechnische Verlustausgleich durch eine vereinfachte Kapitalherabsetzung

55. Der Vorgang der Alternativsanierung spielt sich wie folgt ab:

a) die Gesellschaft tilgt einen Verlustvortrag entweder durch unter pari-Erwerb und Einziehung eigener Aktien oder durch vereinfachte Kapitalherabsetzung
b) die Aktionäre können Zuzahlungen leisten oder statt dessen eine Herabstempelung bzw. Zusammenlegung ihrer Aktien vornehmen lassen
c) die Gläubiger sind zum teilweisen Schuldenerlaß gegen Besserungsscheine bereit; soweit dies nicht der Fall ist, müssen die Aktionäre Zuzahlungen leisten
d) neue Mittel werden durch Zuzahlungen bei gleichbleibendem Grundkapital oder durch eine Kapitalerhöhung mit Agio beschafft

56. Welches Verhältnis ergibt sich (gemäß den Bilanzkursen) für den Umtausch von A-Aktien in B-Aktien, wenn nach Auflösung der stillen Reserven folgende Angaben gelten:

A: Grundkapital : 200.000.-- DM
offene Rücklagen : 150.000.-- DM

B: Grundkapital: 1.000.000.-- DM
offene Rücklagen: 1.000.000.-- DM

a) 2 : 1,5
b) 8 : 7
c) 5,71 : 1
d) 5 : 1

5. Lösungshinweise für das fünfzehnte Kapitel

13. Gemäß § 221, 3 AktG ist den Aktionären ein Bezugsrecht auf Wandelschuldverschreibungen einzuräumen. Die bisherigen Aktionäre könnten sonst - abgesehen von einer Verschiebung der Stimmrechtsquoten - Vermögenseinbußen erleiden, falls nämlich der Erwerbspreis der neuen Aktien (beim Umtausch gegen Wandelobligationen) niedriger ist als der Kurs der alten Aktien. Rechnerisch ergibt sich dann ein Sinken des durchschnittlichen Aktienkurses.

Die Formel zur Errechnung des Bezugsrechtswertes lautet auch hier:

$$\frac{\text{Kurs der alten Aktien - Kurs der neuen Aktien}}{\text{Bezugsverhältnis + 1}}$$

Der Ausgabekurs einer neuen Aktie kann dabei ermittelt werden, indem man den Ausgabekurs einer Wandelschuldverschreibung mit der Anzahl der zum Umtausch in eine Aktie erforderlichen Obligationen multipliziert und eine eventuelle Zuzahlung addiert.

Das Bezugsverhältnis ergibt sich folgendermaßen:
(Bezugsverhältnis von alten Aktien zu Wandelschuldverschreibungen) x (Umtauschverhältnis von Wandelschuldverschreibungen zu neuen Aktien)

18. Wird von einer Ermächtigung im Rahmen des genehmigten Kapitals Gebrauch gemacht, so fließen Zahlungsmittel grundsätzlich bei Ausgabe der neuen Aktien zu. Demgegenüber sind bei Eintritt der Voraussetzungen, wie sie für eine bedingte Kapitalerhöhung gelten, höchstens noch Zuzahlungen (z. B. im Falle des Umtauschs) zu erwarten. Der größere Teil der Zahlungsmittel ist bereits in früheren Zeitpunkten eingegangen (etwa bei der seinerzeitigen Ausgabe von Wandelobligationen).

43. Besserungsscheine sind schriftliche (bedingte) Versprechen des Schuldners, im Falle späterer Gewinnerzielung Zahlungen an diejenigen Gläubiger zu leisten, die eine Sanierung durch Schuldenerlaß oder Stundung unterstützen. Tritt die Bedingung ein, so hat der Inhaber des Besserungsscheines einen klagbaren Zahlungsanspruch.

49: c

50: c

51: b

52: d

53: c

54: d

55: b

56: b

Heidelberger Arbeitsbücher

Bisher erschienen

Band 1: B. Schmid, Arbeitsbuch zu Stobbe, Volkswirtschaftliches Rechnungswesen. 1970. DM 8,-

Band 2: W. Zöller, Arbeitsbuch zu Handelsbilanzen. 1970. DM 10,-

Band 3: R. Köhler und W. Zöller, Arbeitsbuch zu „Finanzierung". 1971. DM 10,-

GPSR Compliance

The European Union's (EU) General Product Safety Regulation (GPSR) is a set of rules that requires consumer products to be safe and our obligations to ensure this.

If you have any concerns about our products, you can contact us on ProductSafety@springernature.com

In case Publisher is established outside the EU, the EU authorized representative is:

Springer Nature Customer Service Center GmbH
Europaplatz 3
69115 Heidelberg, Germany

Batch number: 10684222

Printed by Printforce, the Netherlands